C.H.BECK WISSEN
in der Beck'schen Reihe
2043

BSR

Der antike Historiker Diodor rühmt überschwenglich Alexanders große Taten. Dank seiner Klugheit und Tapferkeit überträfe er an Größe die Leistungen aller anderen Könige, von denen man wisse. In nur zwölf Jahren habe er nicht wenig von Europa und fast ganz Asien unterworfen und damit zu Recht weithin reichenden Ruhm erworben, der ihn den alten Heroen und Halbgöttern gleichstelle. Der römische Philosoph Seneca steht dem Wirken Alexanders sehr viel kritischer gegenüber. Er fragt, ob jemand geistig gesund sein könne, der jenes Land (Griechenland) unterwerfe, wo er doch seine Erziehung erhalten habe. Nicht zufrieden mit dem Unglück all jener Staaten, die schon sein Vater unterworfen habe, trüge Alexander seine Waffen durch die Welt und mache in seiner Grausamkeit vor nichts halt, ganz wie jene Bestien, die mehr reißen als ihr Hunger verlange.

Angesichts des in der Geschichte schwankenden Charakterbildes will der vorliegende Band dem modernen Leser helfen, eine eigene Vorstellung vom facettenreichen Charakter des Machtmenschen, des Feldherrn, aber auch des weitblikkenden Politikers Alexander zu gewinnen.

Hans-Joachim Gehrke, Jahrgang 1945, lehrte an den Universitäten Göttingen, Würzburg und Berlin und ist derzeit Ordinarius für Alte Geschichte an der Albert-Ludwigs-Universität in Freiburg im Breisgau. Er gilt als international anerkannter Spezialist in der Erforschung der griechischen Antike.

Hans-Joachim Gehrke

ALEXANDER DER GROSSE

Verlag C.H.Beck

Mit einer Karte

Die Deutsche Bibliothek – CIP-Einheitsaufnahme

Gehrke, Hans-Joachim:
Alexander der Große / Hans-Joachim Gehrke.
– Orig.-Ausg. – München : Beck, 1996
(Beck'sche Reihe; 2043: C.H. Beck Wissen)
ISBN 3 406 41043 X
NE: GT

Originalausgabe
ISBN 3 406 41043 X

Umschlagentwurf von Uwe Göbel, München

Gesamtherstellung: C.H. Beck'sche Buchdruckerei, Nördlingen
Gedruckt auf säurefreiem, alterungsbeständigem Papier
(hergestellt aus chlorfrei gebleichtem Zellstoff)
Printed in Germany

Inhalt

Donau
Tanais
THRAKIEN
MAKEDONIEN
Schwarzes Meer
Pella
EPIRUS
Sinope
Ilion
Granikos
MYSIEN
Ankyra
Korinth
Athen
Sardes
Gordion
LYDIEN
KAPPADOKIEN
PHRYGIEN
Sparta
Ephesos
ARMENIEN
Milet
Halikarnassos
PISIDIEN
333
Tigris
LYKIEN
KILIKIEN
Kreta
Rhodos
Issos
331
Gaugamela
MESOPOTAMIEN
Arbela
Thapsakos
Euphrat
KYPERN
Mittelmeer
MEDIE
324
Sidon
Damaskos
Tyros
Opis
Alexandreia
BABYLONIEN
Jerusalem
Gaza
Babylon
331
331
Ammonsoase
Memphis
ARABIEN
Nil
Theben
Rotes Meer
N
W
O
S

Die Feldzüge Alexanders
nach Franz Hampl, *Alexander der Große, Göttingen* [2]1965

I. Das Rätsel Alexander

„Von der Parteien Gunst und Haß verwirrt schwankt sein Charakterbild in der Geschichte". Schillers geflügeltes Wort aus dem Prolog zum *Wallenstein* könnte man mindestens ebenso gut auf Alexander den Großen anwenden wie auf den Feldherrn des Dreißigjährigen Krieges. Schon in der Antike standen sich die Urteile diametral gegenüber. „In kurzer Zeit – so heißt es bei dem Historiker Diodor (17, 1, 3f.) – hat dieser König große Taten vollbracht. Dank seiner eigenen Klugheit und Tapferkeit übertraf er an Größe der Leistungen alle Könige, von denen die Erinnerung weiß. In nur zwölf Jahren hatte er nämlich nicht wenig von Europa und fast ganz Asien unterworfen und damit zu Recht weithin reichenden Ruhm erworben, der ihn den alten Heroen und Halbgöttern gleichstellte." Bei dem römischen Senator und stoischen Philosophen L. Annaeus Seneca lesen wir dagegen (*Epistulae morales* 94, 62): „Den unglücklichen Alexander trieb seine Zerstörungswut sogar ins Unerhörte. Oder hältst du jemanden für geistig gesund, der mit der Unterwerfung Griechenlands beginnt, wo er doch seine Erziehung erhalten hat? ... Nicht zufrieden mit der Katastophe so vieler Staaten, die sein Vater Philipp besiegt oder gekauft hatte, wirft er die einen hier, die anderen dort nieder und trägt seine Waffen durch die ganze Welt. Und nirgends macht seine Grausamkeit erschöpft halt, nach Art wilder Tiere, die mehr reißen als ihr Hunger verlangt."

Diese Spannung in den Urteilen hat sich in die moderne Forschung hinein fortgesetzt, die mit Johann Gustav Droysens Jugendwerk über Alexander den Großen (erschienen 1833) begann. Die Gestalt des makedonischen Königs und Welteroberers scheint zum Bewerten und Beurteilen geradezu einzuladen. Mustert man die Aussagen über ihn, kann man eine verblüffende Beobachtung machen: Auch dort, wo die Darstellungen auf eingehenden Quellenanalysen beruhen und wissenschaftliche Glanzleistungen darstellen, dominiert letztendlich ein bestimmtes Bild. Dieses sagt oft mehr über den jeweiligen Autor und seine Zeit aus als über den historischen Gegenstand selber. Man hat den Eindruck, daß Zeitströmungen und Lebenserfahrungen gleichsam auf die Figur Alexanders projiziert werden: Schon in Droysens Sicht befördert er die historische Fortentwicklung im Sinne Hegels und schafft so die entscheidende Voraussetzung für die Offenbarung und Ausbreitung des Christentums, nämlich die Synthese von Orient und Okzident, von Morgen- und Abendland. Als Weltbeglükker im Sinne eines aufgeklärten britischen Imperialismus erscheint er bei William Woodthorp Tarn, als dämonischer Übermensch und Titan unter dem Eindruck eines – je nach Zeitpunkt unterschiedlich empfundenen – Hitler-Erlebnisses bei Fritz Schachermeyr. Das durch Skepsis gekennzeichnete geistige Milieu der Nachkriegszeit förderte die Tendenz zur pragmatischen Deutung, die in ‚minimalistischer' Weise nur das Gesicherte bieten wollte und die Diskussion der Einzelprobleme der Bemühung um Gesamturteile vorzog (Roberto Andreotti, Franz Hampl, Ernst Badian, Siegfried Lauffer) – ohne daß damit die Wertungen ganz verschwanden. Unsere ‚postmoderne' Zeit ist für solche wesentlich offener und kann mit kräftigem Tobak aufwarten: Wir begegnen jetzt dem zerstörerischen Psychopathen oder dem sich dionysisch überhöhenden Alkoholiker Alexander (Wolfgang Will, John Maxwell O'Brien).

Wieweit sich der Verfasser des vorliegendes Buches dem Zug zur Projektion entziehen kann bzw. konnte, mag der Leser beurteilen. Auf jeden Fall ist es aber, gerade wegen dieser Voraussetzungen, wichtiger als sonst, daß er seinen Ausgangspunkt und sein Vorgehen offenlegt. In diesem Rahmen möchte ich – partiell in Anlehnung an das höchst anregende, zugleich etwas flüchtige Alexander-Buch von Robin Lane Fox – vor allem die *Ilias* Homers und das Geschichtswerk Arrians hervorheben. Mit diesen beginnt meine Suche nach Alexander. Dabei kann die *Ilias* den Zugang eröffnen zur inneren Vorstellungswelt und zur Mentalität des Königs und somit zu einem besseren Verständnis seiner Antriebe führen, während

Arrian für die Rekonstruktion der sachlichen Details der Ereignisgeschichte grundlegend ist. Eine Interpretation, die von diesen Autoren ausgeht, bewegt sich im antiken Vorstellungshorizont und muß nicht zu modernistischen, mithin anachronistischen Erklärungen greifen. Sie läßt sich überdies wesentlich erhärten durch die Analyse bestimmter symbolisch-ritueller Akte, für die Alexander eine besondere Vorliebe hatte.

Warum aber die *Ilias*, die Jahrhunderte vor Alexanders Lebzeiten entstand, und Arrians *Anabasis*, die nahezu ein halbes Jahrtausend nach dessen Tod verfaßt wurde? Die Lektüre der homerischen Epen war ein zentrales Element der griechischen Erziehung, das auch von den Makedonen übernommen wurde. Die dort repräsentierten Vorstellungen und Werte, Wahrnehmungen und Empfindungen blieben im großen und ganzen prägend für die Mentalität der Griechen: „Immer der Beste zu sein und die anderen zu übertreffen", dieses Ideal der Iliashelden war auch Richtschnur des Verhaltens in späterer Zeit, gleichsam Ausdruck eines ausgeprägten Konkurrenzdenkens. Der Wettbewerb galt vor allem Rang und Ehre, Macht und Einfluß. Vieles konnte man aus Homer lernen über die Spannung zwischen einzelnem und Gemeinschaft, über die Regeln von Geben und Nehmen, von Freundschaft und Feindschaft, Unrecht und Rache. Zwar hatte sich die griechische Gesellschaft seit der homerischen Zeit (8./7. Jh.) weiter entwickelt und durch die Einbindung des Individuums in die Gesetze der Polis ihr Gesicht verändert, aber die Prinzipien waren im Grunde konstant geblieben. Erst recht mußten sie einleuchten und als gängig gelten in einem Gebiet, in dem die Zustände den homerischen noch mehr ähnelten, nämlich in Alexanders Heimat Makedonien. Daß sie auf einen in diesem Milieu aufwachsenden jungen Menschen entsprechend wirkten, läßt sich unbedenklich unterstellen.

Die historiographische Überlieferung über Alexander stellt ein besonderes Problem dar. Vollständig erhaltene Darstellungen seines Wirkens stammen erst aus wesentlich späterer Zeit: Diodors Abriß im 17. Buch seiner *Historischen Bibliothek* gehört etwa in die Mitte des 1. vorchristlichen Jahrhunderts, die lateinisch geschriebenen *Historiae Alexandri Magni* des Curtius Rufus entstanden wohl gut 100 Jahre später, und in den ersten Jahrzehnten des 2. Jahrhunderts n. Chr. sind Plutarchs Alexander-Biographie und Arrians *Anabasis Alexandrou* verfaßt worden. Alle Verfasser stützten sich immerhin auf ältere Autoren, doch die umfangreiche Literatur, die noch zu Lebzeiten Alexanders und kurz nach seinem Tode entstand, ist für uns nahezu vollständig verloren. Zu ihr gehören so wichtige Werke wie das des Kallisthenes, der gleichsam als offizieller Berichterstatter an Alexanders Perserfeldzug teilnahm, und das des Kleitarchos, der nach intensiven Recherchen bei Feldzugsteilnehmern eine spannend geschriebene, viel gelesene und benutzte Darstellung verfaßte. Etliche hohe Offiziere haben darüberhinaus – zum Teil in Gestalt von Memoiren – die Zeit Alexanders behandelt, so der Flottenkommandeur Nearchos und der spätere König Ptolemaios, einer der engsten Kampfgefährten Alexanders.

Ein weiteres Manko unserer Überlieferung ist, daß in vielen dieser frühen Werke von Anfang an das Übermenschliche und Mirakulöse am Wirken und Auftreten Alexanders hervorgehoben wurde. So hat die Hauptlinie der Alexander-Tradition (wir sprechen von *Vulgata*), die auf Kleitarchos zurückgeht und vor allem bei Diodor, Curtius Rufus und Plutarch zugrundeliegt, gerade das Fabelhafte betont. Demgegenüber hatten Autoren wie Ptolemaios und besonders Aristobulos, ebenfalls ein Teilnehmer des Eroberungszuges, eine nüchterne Sichtweise bevorzugt. Gerade auf diese nun stützte sich Arrian, dem es im Stil seiner Zeit um Schlichtheit und Klarheit ging. Die aus ihm stammenden Informationen sind zwar nicht in jedem Falle besser. Doch sehr häufig zeigt die quellenkritische Einzelanalyse die größere Zuverlässigkeit Arrians gegenüber der anderen Tradition. Das kann auch angesichts neuester Versuche einzelner Forscher, dies umzugewichten, festgehalten werden. Freilich muß auch Arrian da und dort modifiziert und vor allem an verschiedenen Stellen durch Informationen aus anderen Quellen ergänzt werden.

II. Der junge Alexander

Etwa um den 20. Juli 356 wurde Alexander geboren, im Palast von Pella und als legitimer Sohn des makedonischen Königs Philipps II. und der Olympias, einer Angehörigen der epirotischen Königsfamilie aus dem Stamm der Molosser. Zu dieser Zeit arbeitete sein Vater bereits mit höchster Energie daran, den Stammesverband der Makedonen zu reorganisieren und seine eigene Herrschaft nach innen wie nach außen mit Macht und Gewalt zur Geltung zu bringen.

Der Stamm der Makedonen, vor allem auf Grund seiner Sprache dem griechischen Kulturkreis zuzurechnen, hatte schon seit Menschengedenken seinen Wohnsitz in den fruchtbaren Hügel- und Hangzonen nördlich des Olymp, in der Landschaft Pierien. Dort lag sein Hauptort, Aigai, der Platz, an dem die Stammesfürsten bestattet wurden. Diese wurden mit dem griechischen Titel *basileus* (König) bezeichnet. Ihre Position war keineswegs sehr stark. Sie war im wesentlichen an zwei Voraussetzungen geknüpft: Sie mußten der königlichen Familie, dem Clan der Argeaden, entstammen, der sich auf den mythischen Helden und Halbgott Herakles, den Sohn des Zeus, zurückführte. Und sie mußten durch persönliche Eigenschaften in der Lage sein, die Führungsposition im Stamme auch wirklich auszuüben, d.h. sie mußten tapfere Krieger und gute Generäle, macht- und ehrbewußte Politiker, tüchtige Jäger und gute Trinker sein. Vor allem hatten sie Rücksicht auf die führenden Adligen des Stammes und auf die Krieger zu nehmen. Ohne deren Rückhalt war ihre Position gefährdet. Es gab keine eindeutige Erbfolge. Brüder und andere männliche Verwandte standen gegen möglicherweise weniger geeignete Verwandte als potentielle Könige zur Verfügung. Dies wurde noch dadurch verstärkt, daß gerade bei den Herrschern Polygamie üblich war. Ehen wurden nämlich in der Regel im Interesse der Dynastie und der Herrschaft abgeschlossen. Damit sollten politisch-diplomatische Verbindungen untermauert werden. Deshalb konnten Könige mit mehreren Frauen gleichzeitig verheiratet sein. Der Kreis der Personen, die Ansprüche auf die Herrschaft erheben konnten, war also groß und komplex.

Anders als in der griechischen Poliswelt hatte sich die urtümliche Organisationsform in den nordgriechischen Randzonen also gehalten. Auch die Lebensweise hatte einen anderen Charakter: Neben günstigem Ackerland standen vor allem reiche und gut bewässerte Zonen für die Aufzucht von Rindern und Pferden zur Verfügung. Die reichlich vorhandenen Wälder boten beste Möglichkeiten zur Jagd, auch auf wilde Tiere wie Eber und Wölfe. Das Jagen wurde geradezu als Mutprobe und Gelegenheit zum Erwerb von Ruhm und Ehre angesehen und entsprechend organisiert. Besonders wichtig war auch der Krieg gegen Nachbarn, die eine ähnlich rauhe Lebensweise hatten und die bald abgewehrt, bald angegriffen wurden. Wer noch keinen Eber auf der Jagd und keinen Menschen im Krieg getötet hatte, galt nicht als richtiger Mann. Die wichtigste Form der Geselligkeit war, wie bei den Griechen, das gemeinsame Gelage von Männern (Symposion). Dieses war bei den Makedonen nicht so strikt ritualisiert wie bei den Griechen, sondern konnte sich vom mehr oder weniger kontrollierten Alkoholgenuß bis zur totalen Trunkenheit steigern – zumal man den Wein unvermischt genoß, was bei den Griechen als barbarisch galt.

In diesem kriegerischen Milieu hatte die Dynastie der Argeaden große Zähigkeit bewiesen. Unter ihrer Führung expandierten die Makedonen nach Norden in die Randzonen zwischen dem Gebirge und dem damals noch weit nach Norden ausgreifenden Thermaischen Golf, ja allmählich auch über den Fluß Axios hinweg nach Osten. Zugleich banden sie die ihnen besonders eng verwandten Stämme in den westlich und noch weiter nördlich gelegenen Hochländern (Elimioten, Oresten, Lynkesten, Tymphaier, Pelagonier), die eigene Dynastien hatten, an sich. So ergab sich allmählich die Unterscheidung von unterem (um den Thermaischen Golf) und oberem Makedonien (die Landschaft der großen Bergkantone). Seit dem ausgehenden 6. Jahrhundert versuchten die Argeadenkönige, ein Reich in diesen Dimensionen aufzubauen und zu erhalten.

Diese Politik hatte jedoch nie zu einer wirklich stabilen Situation geführt; neben großen Erfolgen standen auch Rückschläge, ja weitgehende Verluste: Schon interne Konflikte um die Königswürde innerhalb der Argeadendynastie konnten sich katastrophal auswirken – und waren jederzeit möglich. Die jeweils in anderen Stämmen existierenden Königs- bzw. Häuptlingsgeschlechter waren keineswegs zur Unterwerfung geneigt. Auch dort gab es eigene Traditionen mythischer Herkunft. Dazu kam ein erheblicher Druck von außen. Im Nordwesten und Norden saßen illyrische, im Norden und Nordosten thrakische Stämme, die mindestens ebenso kriegerisch waren wie die Makedonen und sich von ihnen durch Sprache und Sitte deutlich abhoben. Gerade deswegen herrschte ein nahezu permanenter Kriegszustand, der die Aufrechterhaltung der martialischen Lebensweise förderte; denn wer sich hier nicht behaupten konnte, war verloren. Hinzu kam vom Süden der Druck der griechischen Städte: Seit der Kolonisation im 7. Jahrhundert siedelten Griechen gerade an den besten Küstenplätzen, sie kultivierten nicht nur die reichen Ländereien in ihren Territorien, sondern kontrollierten auch Handel und Verkehr, der sich wesentlich auf dem Meer abspielte (Pydna, Methone, Chalkidike). Immerhin gab es hier Perspektiven einer Symbiose im wechselseitigen Interesse (z.B. Handel mit Holz aus den makedonischen Bergen). Aber zugleich wuchs seit dem 5. Jahrhundert, vor allem mit der athenischen Expansion, der Druck griechischer Großmächte, unter dem Makedonien leicht zu einem Spielball werden konnte.

Dies hatte sich nicht zuletzt in den ersten Jahrzehnten des 4. Jahrhunderts gezeigt, und Philipp (geb. 383 oder 382) hatte es persönlich erfahren: Konnte sein Vater, Amyntas III. (er regierte 394–370/69), trotz schwerer Belastungen die Position des Reiches einigermaßen wahren, so geriet dessen ältester Sohn und Nachfolger, Alexander II. (370/69–369/68), sehr rasch unter die Kontrolle der griechischen Großmacht Theben. Diese verstärkte sich noch nach seiner baldigen Ermordung im Zuge von innermakedonischen Thronstreitigkeiten. Damals mußte sein jüngster Bruder Philipp sogar einige Jahre (etwa 368–365) als Geisel in Theben verbringen. Unter dem mittleren Bruder Perdikkas wurde dann die Dominanz Athens in der nördlichen Ägäis erneut spürbar. Noch bedenklicher war allerdings ein Angriff illyrischer Stämme, dem der König selbst mit rund 4000 Kriegern zum Opfer fiel (Frühjahr 359). In dieser katastrophalen Situation, einem besonderen Tiefpunkt der makedonischen Geschichte, übernahm Philipp, zunächst noch als Vormund für seinen Neffen Amyntas, die Regierung.

Die Lektion, die die Geschichte der Makedonen und ihrer Dynastie vermitteln konnte, mußte Philipp besonders gut gelernt haben: Angesichts der historischen Erfahrungen existierten für die Zukunft seines Volkes eigentlich nur zwei Möglichkeiten – Dominanz oder Fremdbestimmung, Gewalt über andere oder Beherrschung durch andere. Bloße Unabhängigkeit als solche gab es nicht; um frei und unabhängig zu sein, mußte man machtvoll auftrumpfen, die anderen mindestens einschüchtern, am besten aber selber unterdrücken. Eine Mentalität, die wir heute eher der Mafia zuschreiben, war geläufig – und übrigens war sie auch gar nicht ehrenrührig, im Gegenteil.

Philipps Politik jedenfalls verrät in jedem Detail diesen Willen zur Übermacht. Sein großes Ziel läßt sich aus ihr leicht erschließen: Nach Möglichkeit sollte ein für allemal verhindert werden, was er selbst in jungen Jahren hatte mitansehen müssen. Ein im Inneren völlig neu organisiertes und politisch wie militärisch gestärktes Makedonien sollte nach außen hin offensiv werden. Beides war eng miteinander verquickt; außenpolitische Erfolge verbesserten oder eröffneten die Chancen für Maßnahmen zur inneren Stabilisierung. Philipp konnte sich dabei an verschiedenen Ideen und Einrichtungen einzelner Vorgänger, besonders des Königs Archelaos (ca. 413–399), orientieren. Außerdem kam ihm seine militärische Begabung, vor allem aber seine politische Geschicklichkeit zugute, beide gespeist von einer wilden, fanatisch wirkenden Entschlossenheit.

Wie Archelaos bemühte sich Philipp um eine Modernisierung seines Reiches. Das hieß vor allem, daß wesentliche Elemente der griechischen Lebensweise Eingang in Makedonien fanden. Städte wurden gegründet und mit einem Territorium ausgestattet, das der Versorgung der Bevölkerung diente (z.B. Philippi). Die Makedonen selbst, insbesondere die Eliten, wurden mit der griechischen Sprache, Lebensform und Bildung vertraut gemacht. Die wirtschaftlichen Ressourcen des wachsenden Landes (Holz, Edelmetalle) wurden optimal erschlossen. Alle diese Maßnahmen galten der Stärkung der Machtgrundlage. Vor allem ging es dem König um die Reorganisation des Heeres. Traditionell spielte die Kavallerie im makedonischen Aufgebot eine große Rolle. Gerade im ritterlich-reiterlichen Kampf gipfelte das kriegerische Leben der makedonischen Adligen. In diesem Rahmen verstanden sie sich als Freunde und Gefährten des Königs (*Hetairoi*) und machten ihren Einfluß geltend. Nach demselben Prinzip organisierte Philipp nun das Fußvolk, indem er es im Rang aufwertete und in die Nähe der Reiterei rückte, mit dem Namen *Pezhetairoi* (Kampfgenossen zu Fuß). Dabei handelte es sich um eine stark bewaffnete Truppe, die mit extrem langen (ca. 5 m) Lanzen (Sarissen) ausgerüstet war, aufs strengste disziplinierte Bewegungen trainierte und ausführte – schwer beweglich und vor allem in der Defensive als geschlossener Block wichtig. Sie konnte aber auch, mit kürzerer Stoßlanze, in anderer Formation eingesetzt werden. Dazu kamen die Hypaspisten, die ähnlich wie griechische Hopliten bewaffnet waren, mit einem größeren Schild (griech. *aspis*) und einer Stoßlanze. Gerade sie konnten als bewegliche Einheit fungieren.

Einiges mag hier schon älter gewesen sein. Aber zwei wesentliche Neuerungen dürften auf Philipp zurückgehen. Zum einen erhöhte er die Infanteristen nicht nur nominell im Rang, sondern er ermöglichte ihnen auch, durch die Versorgung mit Land beispielsweise auf dem Gebiet der neugegründeten Städte, eine dem Rang entsprechende Lebensweise. Sie brauchten ihr Land nicht selber zu bestellen, sondern waren abkömmlich, wie Aristokraten; das bedeutete aber konkret, daß sie wie ein stehendes Heer permanent trainiert und eingesetzt werden konnten. Durch die kriegerische Tätigkeit vergrößerten sie ihre Effizienz, die daraus resultierenden Eroberungen erlaubten die zahlenmäßige Vergrößerung der Truppe. Zum anderen wurde in der Schlacht selbst die Verbindung der verschiedenen Waffengattungen hergestellt, der „Kampf der verbundenen Waffen". Dazu kamen in der Regel noch weitere Spezialisten, meist Söldner oder Alliierte (z.B. Bogenschützen, Schleuderer, Belagerungs- und Geschützspezialisten). Nur so gab die unterschiedliche Bewaffnung und Kampfesweise einen Sinn, und nur so war das Heer flexibel genug, gegen illyrische Bergvölker, thrakische Stämme und griechische Hopliten zu kämpfen oder auch Städte mit Gewalt einzunehmen.

Besonders wichtig war darüberhinaus die Verbesserung des Zusammenhaltes zwischen den unterschiedlichen Regionen und Teilstämmen. In diesem Zusammenhang intensivierte Philipp das Gefolgschaftsprinzip des Hetairen-Adels, womöglich nach persischem Vorbild: Die Söhne führender Familien aus allen Teilen des Reiches, Unter- wie Obermakedonien, traten im Alter von etwa 14 Jahren für einige Jahre in den persönlichen Dienst des Königs, als *paides basilikoi* (Königspagen). Sie wurden in dieser Zeit intellektuell, politisch und militärisch ausgebildet und gerade in ihren Jugendjahren, wo sie besonders formbar waren, unmittelbar an die Person des Königs gebunden. Zu dem Korps der Königspagen zu gehören oder gehört zu haben galt als besondere Ehre. Insgesamt entwickelte Philipp eine prächtige Hofhaltung in der von Archelaos gegründeten Hauptstadt Pella. Die vornehmen Makedonen teilten hier das gesellige Leben mit dem König, die persönlichen Beziehungen wurden gestärkt. Nicht zuletzt förderten die regelmäßigen Kriegszüge, an denen der Adel der Teilstämme jeweils in seinem Rang angemessener Weise in Kommandostellen oder in der Hetairen-Kavallerie beteiligt war, das Gefühl der Zusammengehörigkeit. Philipps Herrschaft wurde immer stabiler; obgleich der Sohn seines Bruders noch lebte, wurde er als legitimer König fraglos anerkannt.

Einige Adlige gehörten zu den engsten politisch-militärischen Mitarbeitern des Königs. Auf sie konnte er sich rückhaltlos verlassen. Zwei von ihnen, Antipatros und Parmenion, älter als Philipp, gehörten noch unter Alexander zu den Spitzen des makedonischen Reiches.

In den Zusammenhang der inneren Festigung von Reich und Herrschaft gehörte auch und besonders die Erziehung des Thronfolgers: Philipp war, im Sinne der erwähnten Polygamie, mit verschiedenen Frauen gleichzeitig verheiratet. Diese Verbindungen waren aus politischen Gründen zustandegekommen, als physische ‚Bekräftigung' von Friedensschlüssen und Bündnissen. Alexanders Mutter Olympias war Philipps vierte Frau. Die Ehe mit ihr (geschlossen im Winter 357/6) sollte die Beziehung des makedonischen Königs zur Herrscherfamilie im westlich benachbarten Epirus unterstreichen. Diese führte ihren Stammbaum auf den größten Helden der *Ilias* bzw. des Trojanischen Krieges, auf Achilleus, zurück. Wahrscheinlich war keine der Ehen Philipps von vornherein privilegiert (als „Hauptehe" o.ä.), sondern hing die Stellung der Frauen von der politischen Nützlichkeit ab, nicht zuletzt aber auch davon, ob sie dem König einen möglichen Thronfolger geschenkt hatten.

Trotz der zahlreichen (insgesamt sieben) Ehen hatte Philipp nur zwei Söhne, neben Alexander noch Arrhidaios, den Sohn der Philinna, einer Griechin aus Larisa in Thessalien. Dieser war allerdings wegen einer psychischen Behinderung nicht in der Lage, den an einen makedonischen König zu stellenden Anforderungen vor allem auf militärischem Gebiet und in der politischen Organisation zu genügen. So blieb – jedenfalls zunächst – Alexander. Dieser wurde in jeder Hinsicht auf seine herrscherliche Tätigkeit vorbereitet. Gemeinsam mit etwa gleichaltrigen Jungen aus den vornehmsten makedonischen Familien erhielt er eine geradezu perfekte Erziehung. Dazu gehörte natürlich auch die militärische Ausbildung. Aber fast noch wichtiger waren der Sport und die Jagd, die man intensiv miteinander übte und praktizierte. Solche Elemente waren auch der griechischen Erziehung nicht fremd, und überhaupt war auch die geistige Formung und Bildung, die rein griechisch war, von erheblicher Bedeutung. Wie es üblich war, stand die intensive, vom Auswendiglernen bestimmte Lektüre der homerischen Epen ganz im Vordergrund.

Alexander hat hier seine wesentliche Prägung erfahren. Die Welt Homers, die dort vermittelten Werte, hat er sich in besonderer Weise zu eigen gemacht: Die agonale Mentalität des „Immer der Beste zu sein und die anderen zu übertreffen", die ebenso einfachen wie strikten Regeln der Ehre und der Rache, der Freundschaft und der Feindschaft, verkörpert in der Zuneigung zwischen Achilleus und Patroklos und dem Haß zwischen Achilleus und Hektor, hatten in der griechischen Welt immer eine besondere Bedeutung. Noch viel stärker mußten sie auf jemanden wirken, dessen kriegerische Lebensrealität dem Heldentum der *Ilias* noch näher stand und der sich mit den größten Heroen des Mythos, mit Herakles und besonders mit Achilleus, durch väterliche und mütterliche Abstammung in Verbindung wußte. Enge freundschaftliche Beziehungen zu den Jungen in seinem Kreis kamen zustande und hielten bis zum Tode. Alexanders wichtigste Mitarbeiter und Offiziere wurden gemeinsam mit ihm ausgebildet. Besonders eng, wahrscheinlich auch intim, war die Beziehung zu Hephaistion. So wie Alexander von seinem griechischen Lehrer den Spitznamen Achilleus bekam, galt dieser gleichsam als Patroklos.

Noch intensiviert wurde diese Erziehung vom 14. Lebensjahr an, vergleichbar der Ausbildung der Königspagen: Für rund drei Jahre hielten sich Alexander und seine Freunde in der Nähe von Mieza westlich der alten Königshauptstadt Aigai auf, abgeschieden in einem Heiligtum der Nymphen. Verantwortlich für die Erziehung war der Philosoph Aristoteles. Dessen Vater hatte als Leibarzt bereits enge Kontakte zur makedonischen Königsfamilie gehabt. Er selber gehörte seinerzeit bereits zu den angeseheneren Intellektuellen Griechenlands. Gerade die Verbindung zwischen dem großen Denker und dem Heldenjüngling hat die spätere Vorstellungskraft mächtig beflügelt. Seit der Antike wurde vieles in diese Beziehung hineingelegt, und nicht selten erschien Alexander als der Mächtige, der Ideen seines Meisters realisiert oder auch gegen sie verstößt. Denkt man an das Alter des Schülers und an die üblichen Inhalte einer höheren Erziehung, so wird man dieses Lehrer-Schüler-Verhältnis nüchterner betrachten. Sicher erhielt der Prinz eine sehr gute Unterrichtung in der griechischen Literatur. Insbesondere die Kenntnis der *Ilias* wurde auf diesem Wege vertieft, noch mehr konnte sich Alexander in seinem Sinne in sie hineinleben: Ein von Aristoteles philologisch bearbeitetes Exemplar begleitete ihn auf seinen Feldzügen, als „Proviant der kriegerischen Tüchtigkeit", wie er sagte; und in einem Kistchen lag es unter seinem Kopfkissen, zusammen mit einem Kurzschwert.

Aber natürlich wurden auch andere Autoren gelesen, etwa die drei klassischen attischen Tragiker, Aischylos, Sophokles und Euripides, oder der „Vater der Geschichtsschreibung", Herodot, in dessen Werk die Perserkriege von 490 und 480/79 ausführlich geschildert und in eine traditionelle Kette von Kriegen und Konflikten zwischen Griechen und Barbaren hineingestellt waren. Eine besondere Vorliebe hatte Alexander auch für Pindar, den boiotischen Lyriker, der dem Wettbewerbs- und Ruhmesdenken griechischer Aristokraten und Monarchen wortgewaltig Ausdruck verliehen hatte. Daneben dürfte sich Alexander unter Aristoteles' Anleitung auch intensiv mit Geographie beschäftigt haben, denn während des Asienfeldzuges zeigte er ein nicht nur militärisches, sondern geradezu wissenschaftliches Interesse an den entfernten Gegenden der bewohnten Welt. Selbstverständlich darf man auch mit moralisch-ethischen Ermahnungen und Ratschlägen rechnen. Zur Tüchtigkeit (*arete*) dürfte der Philosoph seinen Schüler angehalten haben, zu einer Tüchtigkeit, die sich gerade auch die großen Helden des Mythos zum Ziel gesetzt hatten. Von Aristoteles ist ein Gedicht erhalten, in dem diese Orientierung der mythischen Heroen auf die wahre *arete* als *pothos* (Sehnsucht) bezeichnet wird. Derselbe Begriff wird uns im Hinblick auf Alexanders Zielsetzung bzw. deren Erklärung noch häufiger begegnen. Dieser Sehnsucht nach Leistung wird alles andere hintangestellt: Herakles, Kastor und Pollux, Achilleus und Aias werden in dem Gedicht als Beispiele dafür genannt. Die Annahme liegt nahe, daß Aristoteles' Ratschläge an seinen Schüler einen solchen Tenor hatten.

Neben der geistigen Erziehung wird auch die körperliche nicht zu kurz gekommen sein. Was Alexander dagegen in der politisch-militärischen Praxis brauchte, für seine konkreten Aufgaben, das lernte er, wie jeder andere auch, in der Praxis, im Kontakt mit seinem Vater und dessen Mitarbeitern. So erhielt er sehr schnell, nach dem Abschluß der Jahre in Mieza, im Alter von 16 Jahren, eine sehr wichtige Aufgabe. Während sein Vater gegen Byzantion und am Marmarameer kämpfte, nahm er in Makedonien bereits die Tätigkeit des Königs wahr: Er verhandelte mit persischen Gesandten und unternahm sogar einen Feldzug gegen einen thrakischen Stamm. Hinfort gehörte auch er selber zu den wichtigsten Helfern seines Vaters.

In seiner Kindheit und Jugend konnte er den geradezu unglaublichen Aufstieg der makedonischen Macht, vom Spielball auswärtiger Potentaten und Poleis bis zur eindeutigen Hegemonie im südlichen Balkan, miterleben. Philipps Politik richtete sich, wie schon erläutert, von vornherein nach außen. Sein Programm der inneren Reorganisation war dafür die Voraussetzung, und die Expansion entwickelte sich im Zusammenhang mit ihr. Gegen Illyrer und Thraker, ja selbst gegen skythische Stämme an der Donau demonstrierte er immer wieder Kraft und Stärke. Vor allem in den Gebieten östlich des Reiches etablierte er seine Herrschaft unmittelbar. Die reichen Edelmetallvorkommen im Pangaion-Gebirge brachte er unter seine Kontrolle, aber auch fruchtbare Ländereien zur Versorgung seiner Soldaten. Gerade hier geriet er schon früh mit den griechischen Städten in Konflikt, die er nach und nach unterwarf (Amphipolis 357, Poteidaia 356, Olynth 348).

Damit drang er in Interessenbereiche griechischer Großmächte, insbesondere Athens, vor. Aber das kümmerte ihn wenig. Im Gegenteil, ihm ging es gerade um eine starke Stellung gegenüber den Griechen in seinem unmittelbaren Vorfeld und dann, angesichts von Fortschritten in dieser Richtung, um die Dominanz in und über Griechenland. Sein Blick richtete sich zunächst vor allem auf Thessalien, das im Süden an Makedonien angrenzende Gebiet, in dem eine der makedonischen vergleichbare, vom Ethos der Reiter und Adligen geprägte Mentalität dominierte. Unter Ausnutzung interner Konflikte und ohne vor Auseinandersetzungen mit der zweiten griechischen Großmacht, mit Theben, zurückzuschrecken, verschaffte sich Philipp in zähem Ringen die dominierende Position im Bund der Thessaler: Er wurde dessen *Archon* (352) und setzte in den thessalischen Städten ihm genehme Regime ein (344).

Die politische Situation in Griechenland kam Philipps Expansion sehr entgegen. In ständigen Kriegen um die Hegemonie hatten sich die Stadtstaaten erschöpft, ohne auf ihre Ansprüche und Rivalitäten zu verzichten. Nach der Schlacht von Leuktra (371) und dank der geschickten Ausnutzung dieses Sieges durch die Politik des Epameinondas von Theben waren als große Konkurrenten im ‚Machtpoker' die Athener und die Thebaner übrig geblieben. Aber auch in deren Umfeld gab es diverse regionale Konflikte zwischen kleineren und mittleren Mächten, in Zentral- und Westgriechenland, auf der Peloponnes und in der westlichen Ägäis, in die die Großmächte jederzeit hineingezogen werden konnten. Hinzu kam, daß man in Griechenland viel zu spät merkte, daß sich die Machtverhältnisse im Norden völlig verkehrt hatten.

In überlegener Weise instrumentalisierte Philipp diese Situation, um sich eine immer bedeutendere Rolle in der griechischen Machtpolitik zu verschaffen: Besonders in dem Konflikt um das wichtige Heiligtum in Delphi intervenierte er als dessen Schutzherr, sicherte sich eine einflußreiche Position in Mittelgriechenland und versuchte, die Athener zu isolieren (346). Vor allem dank des unermüdlichen Wirkens des Politikers Demosthenes, der als einer der ersten die von Philipp ausgehende Bedrohung erkannt hatte, wurden die Athener wachsam und auch andere griechische Staaten gegenüber der Gefahr aus dem Norden sensibilisiert. Als es schließlich zum Krieg zwischen Makedonen und Athenern kam (340), brachte Demosthenes eine nicht unbedeutende antimakedonische

Allianz zusammen. Er erinnerte an den gemeinsamen Kampf der Griechen gegen den Perserkönig knapp 150 Jahre zuvor und stilisierte den aktuellen Konflikt zu einem Freiheitskrieg der Griechen gegen den „barbarischen" Makedonenkönig – ein Panhellenismus ganz besonderer Prägung, der nicht ohne Wirkung blieb. Als sich nach Philipps Einmarsch in Mittelgriechenland (Ende 339) auch Theben von diesem bedroht fühlen konnte, brachte Demosthenes die dortige Volksversammlung zum Anschluß an den von ihm und den Athenern initiierten Hellenischen Bund. Nun, ganz zuletzt, stand Griechenland doch weitgehend einig gegen die Makedonen zusammen. Es kam zu einer Entscheidungsschlacht, und aus Sicht vieler Griechen, besonders in Athen und Theben, war diese durchaus ein Kampf um die Freiheit.

In der Ebene von Chaironeia im westlichen Boiotien traf am 2. August 338 die makedonische Armee, durch Drill und Kampfroutine bestens trainiert, auf das griechische Aufgebot, in dem die Hopliten aus Athen und Theben, insbesondere die thebanische Elitetruppe, die Heilige Schar (300 Mann), einen ernstzunehmenden und aufs höchste motivierten Gegner bildeten. Die zahlenmäßige Stärke (ca. 30.000 Mann) war etwa gleich. Zum ersten Mal bewährte sich das makedonische Konzept des Kampfes der verbundenen Waffen in einer großen Feldschlacht: Die Infanterie kämpfte hinhaltend, während die Reiterei, an der Spitze die *Hetairoi*, die Offensive übernahm, und zwar gerade dort, wo der Gegner am stärksten war. Dies war im Prinzip die Strategie der schiefen Schlachtordnung, mit der Epameinondas die Spartaner bei Leuktra bezwungen hatte. So attackierte die makedonische Kavallerie auf ihrem linken Flügel die Heilige Schar der Thebaner, die dem Gegner zwar schwere Verluste zufügte, aber schließlich ihrem Kriegerethos gemäß kämpfend zugrunde ging. Dies entschied die Schlacht – und damit erwarb sich Alexander größten Ruhm; denn er, gerade 18 Jahre alt, hatte die Reiterei kommandiert.

Mit dem Sieg hatte Philipp erreicht, was bisher niemandem gelungen war, weder den Persern noch den griechischen

Großmächten selbst. Ihm gehörte die völlige und eindeutige Herrschaft über Griechenland. Er mußte sie nun freilich auch politisch gewinnen, da er ja weithin als Unterdrücker und Eroberer galt. Zunächst band er die griechischen Staaten, auch die Hauptgegner, durch bilaterale Schutz- und Trutzbündnisse (Symmachien) formell an sich. In manchen Poleis förderte er auch den internen Umschwung und etablierte Oligarchien von ihm verbundenen Politikern, so besonders in Theben. Vor allem aber versuchte er – seinerseits auf die Idee des Panhellenismus zurückgreifend –, die Griechen in ihrer Gesamtheit zu einigen und auch innerlich mit der makedonischen Dominanz vertraut zu machen. Das sollte durch eine bedeutende Leistung und Wohltat für das Griechentum geschehen. Zu diesem Zwecke benutzte Philipp das Konzept des Allgemeinen Friedens (*Koine Eirene*), das die Griechen im 4. Jahrhundert gerade angesichts der zahlreichen Hegemonialkriege entwickelt hatten. Es sah, vereinfacht gesagt, so aus, daß sich alle Griechen auf den Abschluß und die Einhaltung eines Friedens eidlich und vertraglich verpflichteten und daß sie sich zugleich als Verbündete ansahen für den Fall, daß irgendjemand aus dem Kreise dieser ‚Friedensgenossen' oder von außerhalb den Frieden verletzte. Der Frieden implizierte also ein Bündnis, das im Falle der Friedensstörung wirksam wurde.

Einen solchen ‚organisierten' Frieden ließ Philipp die Griechen im Herbst 338 abschließen. Es gab dabei eine Institution, die über wesentliche Fragen, insbesondere natürlich den jeweiligen *casus belli*, zu entscheiden hatte, den Bundesrat (*Synhedrion*), in dem die griechischen Staaten proportional (gemäß der Höhe der Truppenaufgebote, die sie im Kriegsfall zu stellen hatten) vertreten waren. Die Makedonen gehörten gar nicht dazu. Lediglich im Falle eines Krieges, also der Friedensstörung, kam ihr König, Philipp bzw. sein Nachfolger, ins Spiel, allerdings an entscheidender Stelle, nämlich als militärischer Oberbefehlshaber (*Hegemon*). So konnte Philipp als Friedensstifter und Friedenshüter erscheinen, der Eindruck konnte entstehen, daß die Griechen bzw. ihre jeweiligen Abgeordneten im *Synhedrion* ein echtes Mitspracherecht hatten.

Und dennoch bedeutete dieser Allgemeine Frieden, der nach dem Ort seines Abschlusses Korinthischer Bund genannt wird, nichts anderes als die definitive formelle Etablierung der makedonischen Herrschaft in Griechenland.

Da die Befehlsgewalt des makedonischen Königs erst im Kriegsfalle effektiv wurde, war dieser Bund schon seiner Logik nach auf Krieg angelegt. Daß dies in der Tat von vornherein beabsichtigt war, zeigt schon der Ort des Bundesvertrages: Auf dem Isthmos von Korinth hatten sich im Jahre 481, angesichts des bevorstehenden Angriffs der Perser unter Xerxes, die Griechen zu innerem Frieden und zum Kampf um ihre Freiheit gegen den Aggressor verbündet und verschworen. Und genau die Perser waren es, die als einzige Gegner des Allgemeinen Friedens in Frage kamen. Sparta hatte sich diesem zwar als einziger griechischer Staat nicht angeschlossen. Aber Sparta war damals eine Macht, die man ignorieren konnte, ja die man durch Ignoranz noch mehr treffen konnte als durch Bekämpfung. Die Perser dagegen waren nicht nur der einzige, sondern gleichsam auch ein idealer Feind. An die alte Feindschaft ließ sich gut anknüpfen, mit zwei in Griechenland immer populären Parolen, Rache und Freiheit. Rache war zu üben für die Zerstörung von Heiligtümern in Griechenland in den Jahren 480/479, insbesondere in Athen; Freiheit ließ sich erkämpfen für die griechischen Staaten in Kleinasien, die seit dem Königsfrieden (386) unter persischer Herrschaft standen. Wie virulent solche Motive und Tendenzen wirklich waren, sei dahingestellt. Immerhin war die Zerstörung des Athena-Tempels auf der Akropolis in Athen seit über 140 Jahren ungerächt geblieben, und die Athener hatten seit mehr als einem Jahrhundert nicht erkennen lassen, daß die Rache für diese Tat (die übrigens ihrerseits ein Racheakt für die Vernichtung von Heiligtümern während eines antipersischen Aufstandes gewesen war) ein Thema ihrer Politik bildete. Aber in jedem Falle konnte sich Philipp als Führer in einem neuen Perserkrieg Verdienste erwerben; nach den geltenden Vorstellungen war ihm als Wohltäter Anerkennung gewiß, gerade durch eine Leistung für andere konnte er die Akzeptanz seiner Herrschaft begründen und ausbauen.

Das Persische Reich war aber auch unter anderem Gesichtspunkt ein idealer Gegner. Schon um 400 hatte der erfolgreiche Zug einer griechischen Söldnertruppe während des Bruderkrieges zwischen dem Großkönig Artaxerxes II. und dem jüngeren Kyros deutlich gemacht, daß die militärische Leistungsfähigkeit des Großreiches geringer war, als es dessen Image entsprach. In der folgenden Zeit war Ägypten einige Jahrzehnte lang vom persischen Reich unabhängig gewesen. In den 60er Jahren waren viele der Gouverneure des Reiches in Kleinasien von der Krone abgefallen (Großer Satrapenaufstand). Zwar hatte Großkönig Artaxerxes III. Ochos (359–338) die Situation bereinigt und sogar Ägypten erneut unterworfen, doch war das Reich nach seiner und seines Sohnes Ermordung in eine schwere Führungskrise geraten, gerade in der Zeit, als Philipp die Macht in Griechenland an sich brachte. Erst mit der Thronbesteigung Dareios' III. Kodomannos (336) sollte sich die Situation wieder einigermaßen stabilisieren.

Ob Philipp mit dem Perserkrieg noch weiterreichende Ziele verband, etwa die Eroberung des gesamten Reiches, ist mehr als fraglich und von der Perspektive der damaligen Situation aus ganz unwahrscheinlich: Schon daß ein König aus Makedonien die alleinige Führungsrolle in Griechenland hatte, überstieg jede Vorstellung. Ein erfolgreicher Feldzug in Kleinasien, verbunden mit einer ‚Befreiung' der griechischen Städte, mußte trotz aller Vermutungen über persische Schwächen alles andere als selbstverständlich scheinen. Denkbar ist allerdings auch, daß Philipp sich von der Dynamik der militärischen und machtpolitischen Entwicklung so hätte forttragen lassen, wie er es in seiner Griechenlandpolitik getan hatte. Aber schwerlich hat ihm mehr als Kleinasien oder gar die Eroberung des gesamten Perserreiches vor Augen gestanden.

Im Frühjahr 337 wurde der vom makedonischen König vorgeschlagene Krieg gegen die Perser vom *Synhedrion* des Korinthischen Bundes beschlossen. Ein Jahr später wurde ein

Vorauskommando unter Parmenion und Attalos, zwei der höchsten Würdenträger, nach Kleinasien geschickt. Im Herbst desselben Jahres (336) fiel Philipp einem Attentat zum Opfer. Der zwanzigjährige Alexander trat seine Nachfolge an. Sein Erbe war nicht nur die Herrschaft im gefestigten und erweiterten Makedonien und die Dominanz über Griechenland, sondern auch dieser Krieg gegen das Persische Reich, den er zu seinem ganz eigenen Krieg machte.

So einfach die Thronfolge auch aussah und so glatt sie auch ablief, selbstverständlich war sie keineswegs. Nur gut ein Jahr vorher war im Verhältnis zwischen Alexander und seinem Vater ein anscheinend unheilbares Zerwürfnis eingetreten. Im Frühling oder Sommer 337 hatte Philipp eine weitere Frau geheiratet, Kleopatra, die Nichte des schon erwähnten Attalos, eines der vornehmsten Gefolgsleute des Königs. Es war Philipps siebte Ehe, aber sie hatte doch einen besonderen Charakter: Es war die erste Ehe mit einer Frau aus dem engeren makedonischen Hochadel, alle anderen Frauen, nicht zuletzt Alexanders Mutter Olympias, waren demgegenüber Fremde. So konnte während des Hochzeitsgelages der stolze, im Rang besonders erhöhte Attalos ausrufen, nun könne das Land endlich einen legitimen Erben erhalten. In der Tat hat Alexander seine Position als unangefochtener Thronfolger wohl gefährdet gesehen. Seine Ehre war jedenfalls verletzt, desgleichen auch die seiner Mutter Olympias, die bis dahin doch als Mutter des Kronprinzen eine besondere Stelle unter den Frauen des Königs innehatte. Im Zorn verließen beide den makedonischen Hof und zogen sich in Olympias' Heimat Epirus zurück.

Durch Vermittlung eines Griechen versöhnten sich Philipp und Alexander im folgenden Jahr wieder. Das war aber lediglich ein den politischen Notwendigkeiten geschuldetes Arrangement. Das Verhältnis zwischen Vater und Sohn war und blieb tief gestört. Als Philipp wenig später, ausgerechnet anläßlich der pompösen Hochzeitsfeier seiner Tochter Kleopatra, Alexanders leiblicher Schwester, mit ihrem Onkel Alexander von Epirus, dem Bruder der Olympias, von einem

Leibwächter im Theater von Aigai getötet wurde (Herbst 336), richtete sich der Verdacht auf Anstiftung zur Tat rasch gegen Olympias, aber auch gegen Alexander selbst. Olympias war weit weg und dürfte kaum die Möglichkeit gehabt haben, die Fäden zu ziehen. An Alexander allerdings blieb (und bleibt) ein Verdacht hängen. Zwar war das Motiv des Attentäters (Tötung aus gekränkter Ehre) an sich plausibel, aber die Kränkung lag lange Zeit zurück. Zudem wurde der Täter sofort bei seiner Ergreifung getötet. Die Proklamation des neuen Königs und die Anerkennung durch das makedonische Heer erfolgten rasch und reibungslos. Und ebenso rasch ließ Alexander Widersacher und mögliche Konkurrenten aus dem Weg räumen. Vor allem aber: Er hatte ein sehr schlüssiges Motiv. Philipp war in den Vierzigern, er konnte durchaus noch längere Zeit regieren, so lange, bis ein neuer Thronfolger herangewachsen war. Und dann wäre Alexander nur noch der Bastard von der wilden Epirotin gewesen!

Dies ist einer der Punkte, in denen das Urteil über Alexander stark von einer bestimmten Vor-Einstellung abhängt. Man kann nämlich auch entlastende Argumente finden: Unstimmigkeiten in der Motivation des Täters gibt es bei vielen Attentaten. Und alle genannten Auffälligkeiten sind auch anders zu erklären. Alexander gegenüber grundsätzlich kritisch Gesonnene werden ihm den Vatermord eher zutrauen als traditionelle Alexander-Verehrer, die diesen Gedanken zurückweisen. Sichere Aussagen lassen unsere Quellen nicht zu, und so muß die Entscheidung in der Sache offenbleiben.

III. Der Eroberer Alexander

1. Griechenland und Balkan

In Makedonien agierte Alexander in jeder Hinsicht als der legitime Nachfolger. Er ließ den Vater mit großem Aufwand in Aigai, der alten Grablege der makedonischen Könige (beim heutigen Ort Vergina), bestatten und die Hintergründe der Ermordung untersuchen. Zwei Angehörige des alten Königshauses der Lynkesten aus Obermakedonien, die womöglich als Thronprätendenten angesehen werden konnten, wurden als angebliche Komplizen verurteilt und hingerichtet. Wohl nur wenig später ließ Alexander auch seinen Vetter Amyntas, als dessen Vormund Philipp seinerzeit die Herrschaft übernommen hatte, hinrichten. Und nach einer gewissen Zeit fiel auch sein Intimfeind, Attalos, in Kleinasien durch die Hand eines Meuchelmörders. Kaum war die Situation in Makedonien stabilisiert, zog der junge König, noch im Jahre 336, nach Griechenland, um sich in Thessalien als Archon der Thessaler und in Korinth als Hegemon des Korinthischen Bundes bestätigen zu lassen. Auch dort trat er das Erbe seines Vaters an.

Im Frühjahr 335 unternahm Alexander auf die Nachricht hin, Illyrer und die thrakischen Triballer planten einen Einfall in Makedonien, einen Feldzug in den Gebirgsregionen des mittleren Balkan. Er gelangte dabei bis an die Donau, die er sogar überschritt, wohl in demonstrativer Absicht. Es heißt auch, „Sehnsucht“ (*pothos*) habe ihn zum Flußübergang veranlaßt. Das Motiv begegnet hier zum ersten Mal und hat in der Geschichte Alexanders, wie wir später noch sehen werden, sehr häufig mit der Suche nach den Grenzen zu tun.

Nach dem Abschluß des Thrakienfeldzuges zog er nach Westen gegen die Illyrer. Man hat auch hier den Eindruck, daß es um die Einschüchterung der traditionellen Gegner ging, die erfahren sollten, daß der junge König mindestens so energisch war wie sein Vater. In schwierigstem Gelände besiegte er die Illyrer in einer großen Schlacht (Spätsommer

335). Wenig später erreichte ihn die Nachricht, daß die makedonische Herrschaft in Griechenland zusammenzubrechen drohte. Auf ein Gerücht hin, Alexander sei in Illyrien gefallen, hatten sich die Thebaner gegen ihre promakedonische Junta und die makedonische Besatzung auf ihrer Burg erhoben und alle Griechen zum Freiheitskampf aufgerufen. Der Appell fand große Resonanz, auch in Athen rüstete man sich zur Unterstützung, von Dareios III. trafen Gelder zur Unterstützung der Abfallbewegung ein. Als Alexander davon unterrichtet wurde, zog er in Eilmärschen so schnell nach Mittelgriechenland, wie niemand es für möglich gehalten hätte. Auf diese Weise konnte er die Thebaner isolieren und den Widerstand der anderen Griechen im Keim ersticken.

Es sind vor allem zwei Wesenszüge, die Alexanders Verhalten in seinen Anfängen als Herrscher kennzeichnen. Er wußte sehr genau um die Wirkung demonstrativ eingesetzter militärischer Macht und besaß einen Sinn für die kalte Logik der Machtpolitik. Darüber hinaus handelte er kompromißlos im Sinne dieses Wissens, ohne Rücksicht auf die Umstände und Bedenklichkeiten langer strategischer Planung. Das Schwierige, ja Unmögliche, in jedem Falle Unerwartete war gerade recht. Hierin liegt das Geheimnis seines Erfolges. Dazu gehörte aber auch die ausgeprägte und geradezu fraglose Loyalität seiner makedonischen Truppen, die schon in diesen ersten Monaten deutlich wurde. Er muß sie auf charismatische Weise an sich gefesselt haben.

Nach vergeblicher Aufforderung zur Übergabe der Stadt nahm er Theben im Sturm ein. Über 6000 Thebaner fielen, die übrigen wurden in die Sklaverei verkauft, die Stadt systematisch zerstört und ihr Territorium aufgeteilt. Nur das Haus des von Alexander bewunderten Dichters Pindar sowie die Heiligtümer blieben verschont (Herbst 335). An Theben wurde also ein Exempel statuiert, wie es in der Sprache der Macht eher euphemistisch heißt. Daß und wie dies geschah, zeigen die gerade herausgestellten Elemente des Denkens und Handelns: Die gnadenlose Logik der Überlegenheit führte zu exemplarischer Rücksichtslosigkeit gerade gegenüber denen, die sich widersetzten. Ihr Schicksal sollte ein Fanal der Einschüchterung sein.

Andererseits aber ließ der König diplomatische Rücksicht walten, wo es die politische Vernunft gebot. So sah er letztendlich darüber hinweg, daß die Athener nicht allein ostentativ mit den thebanischen Aufständischen sympathisiert hatten, sondern sich auch zu deren militärischer Unterstützung anschicken wollten. Athen wurde noch gebraucht. Nach wie vor verfügte es über eine bedeutende Flotte, auf die der König für den Perserkrieg angewiesen war. Vor allem aber war es, viel mehr noch als Theben, ein Ort mit besonderem Prestige. Dieses konnte gleichsam auf denjenigen, der es schonte und ehrte, übertragen werden; eine Leistung für Athen verlieh Ansehen in der ganzen griechischen Welt. Auch die übrigen Makedonenfeinde unter den griechischen Staaten wurden geschont. Der Korinthische Bund wurde noch einmal bekräftigt. Nachdem Alexander in nur einem Jahr bei den Illyrern, den Thrakern und nicht zuletzt den Griechen jeden Zweifel an seiner Entschlossenheit beseitigt und jede Hoffnung auf eine rasche Änderung der von Philipp geschaffenen Zustände zunichte gemacht hatte, wendete er sich seinem primären Ziel zu, dem Krieg gegen die Perser.

2. In Kleinasien

Der Feldzug begann im Frühjahr 334. Als Gouverneur für Europa (*Strategos*), also gleichsam als seinen Stellvertreter und Vizekönig, ließ Alexander den rund 65jährigen Antipatros zurück, den ältesten und loyalsten Gefährten seines Vaters, auf den auch er sich absolut verlassen konnte. Er selbst befehligte das Heer, und neben ihm war der wichtigste Kommandeur Parmenion, wenig jünger als Antipatros, auch er einer der treuesten Paladine Philipps II. Das Aufgebot umfaßte an Kampftruppen rund 37.500 Mann, 32.000 Infanteristen und 5.500 Kavalleristen. Beim Fußvolk bildeten 12.000 Makedonen den Kern, 9.000 Pezhetairen (in 6 Regimentern) und 3.000 Hypaspisten. Dazu kamen 7.000 Hopliten aus dem

Aufgebot der griechischen Bundesgenossen sowie ebensoviele Söldner (mit verschiedener Bewaffnung, darunter auch kretische Bogenschützen). Die Balkanstämme (thrakische Odrysen und Triballer, Illyrer und Agrianen) waren mit insgesamt 6.000 Mann vertreten, die als Spezialeinheiten für den Fernkampf und leichtere Gefechte zur Verfügung standen (Speerkämpfer, Bogenschützen, Peltasten, d.h. Leichtbewaffnete).

Die Reiterei bestand aus 1.800 Makedonen, davon 1.200 Hetairenreiter (in 8 Schwadronen) und 600 Fernaufklärer (*Prodromoi*, in 4 Schwadronen). Die Thessaler stellten 1.200 Reiter, die griechischen Alliierten im Rahmen des Korinthischen Bundes 1.000. Abgerundet wurde die Kavallerie durch 600 Söldner und 900 Thraker und Paionen, die auch als Aufklärer fungierten. Dazu kamen Spezialeinheiten für Pionierarbeiten und Belagerungstechnik, für Stabsaufgaben (darunter die Abfassung der offiziellen Feldzugstagebücher, der Ephemeriden) und für geographische Vermessungen (die Bematisten) sowie ein entsprechend großer Troß. Es zogen aber auch Priester und Seher sowie Künstler und Wissenschaftler mit. Diese sollten das übliche Hofleben mit seiner Geselligkeit im Symposion auch während des Feldzuges sicherstellen. Einer der prominentesten Vertreter dieser mobilen Hofgesellschaft war der Historiker Kallisthenes, ein Verwandter des Aristoteles. Er sollte die Taten des Königs schon während der Expedition in der griechischen Welt bekanntmachen.

Die führenden Offiziere (nach Parmenion) bildeten zugleich die engste Umgebung des Königs, einige von ihnen mit dem Ehrentitel *Somatophylax* (Leibwächter). Am bedeutendsten waren Antigonos, ein älterer General, der die Bundesgenossen befehligte, Philotas, Parmenions Sohn, der Kommandeur der Hetairenreiterei, und Kleitos, Chef der Königsschwadron, der ranghöchsten Einheit dieser Truppe. Viele der Führungskräfte waren enge persönliche Freunde Alexanders und hatten mit ihm gemeinsam ihre Erziehung und Ausbildung genossen, Leute wie Hephaistion, Ptolemaios und Harpalos, der Verwalter der Kriegskasse. Das Heer war insgesamt nicht übermäßig groß, aber als Truppe durchaus schlagkräftig und größtenteils kampferfahren. Seine Versorgung war nicht unproblematisch. Die Achillesferse lag im Bereich der Seestreitkräfte. Da die Makedonen noch über keine Marine verfügten, bildeten die ca. 160 Trieren der griechischen Verbündeten (hauptsächlich von Athen gestellt) die Flotte Alexanders. Das bedeutete angesichts der Unbeliebtheit der makedonischen Dominanz eine Belastung: Die Perser hatten nicht geringe Chancen, in der Ägäis erfolgreich mit ihrer Marine zu operieren und den Krieg – im Zeichen der Freiheit von der makedonischen Unterdrückung – nach Griechenland hineinzutragen.

Den Übergang nach Asien am Hellespont und den Beginn des Feldzuges hat Alexander in höchst signifikanter Weise mit symbolischen und rituellen Handlungen markiert. Die Semantik dieser Gesten verrät sehr viel über die propagierte Zielsetzung des Krieges und zugleich über Alexanders Motive. Er ließ deutliche Bezüge zum Kampf um Troja und zu dem Zug des Xerxes gegen Griechenland (480) herstellen, die ja schon bei Herodot in einem unmittelbaren Zusammenhang standen. Am Grab des Heros Protesilaos, das man in Elaius auf der thrakischen Chersonnes, also der europäischen Seite des Hellespont, verehrte, wurde ein Opfer vollzogen. Protesilaos hatte beim griechischen Angriff auf Troja als erster den Sprung vom Schiff auf den asiatischen Boden gewagt und war als erster gefallen. Genau in der Mitte der Meerenge brachte Alexander dem Meergott Poseidon ein Opfer mittels einer goldenen Schale dar, wohl eine Reminiszenz des Opfers für Helios, den Sonnengott, das Xerxes beim Übergang von Asien nach Europa auf der von ihm errichteten Schiffbrücke verrichtet hatte. Unmittelbar vor der Küste warf Alexander dann einen Speer in den Boden Asiens, um damit das Land als „speererworben“ (*doriktetos*), also als mit Gewalt erobert bzw. nach dem ‚Recht‘ des Krieges dem Sieger zustehend, zu kennzeichnen. Dann sprang er in voller Rüstung vom Schiff nach Asien – wie Protesilaos. Anschließend wurden an dieser Stelle Altäre für Zeus Apobaterios („Beschützer der Landung“), Athena (die Schutzgöttin der homerischen Helden) und Herakles (den Vorfahren des Königs) errichtet.

Der erste Weg führte den König mit den Leuten seiner engeren Umgebung nach Ilion, einem unbedeutenden Städtchen an der Stelle des einst glorreichen Troja. Der höchsten Göttin der Stadt, der Athena Ilias, brachte er – wie einst Xerxes – ein großes Opfer dar. Die Heroen erhielten ein Trankopfer. Außerdem stiftete Alexander der Athena seine Rüstung und empfing dafür im Tempel befindliche alte Waffen, die man angeblich seit der Zeit des Trojanischen Krieges aufbewahrt hatte. Diese wurden ihm später im Gefecht vorangetragen. Ferner brachte er dem Priamos ein Versöhnungsopfer, den sein Vorfahr mütterlicherseits, der Achilleus-Sohn Neoptolemos, der Sage gemäß bei der Einnahme Trojas als Schutzflehenden an einem Altar getötet hatte. Schließlich bekränzte er ein Grab, das als das Grab des Achilleus angesehen wurde. Entsprechendes tat Hephaistion am angeblichen Grab des Patroklos.

Daß ein Feldzug in Analogie zu einem mythischen Vorgang präsentiert und begonnen wurde, war im 4. Jahrhundert nichts Ungewöhnliches mehr. Aber in Alexanders Vorgehen zeigt sich, daß er den *Ilias*-Bezug mit dem auf die Perserkriege von 480/79 verband, wie das seinerseits bereits Xerxes umgekehrt praktiziert hatte. Damit aber wurde nun auch dieser Krieg in den grundsätzlichen Konflikt zwischen Hellenen und Barbaren, zwischen Europa und Asien hineingestellt, den Alexander – gerade auch mit der Verbindung von Trojakampf und Perserzug – aus Herodot herauslesen konnte, besser, herausgelesen hatte und nun seinerseits fortschrieb. Der Perserkönig bzw. die Perser repräsentierten in dieser polaren Sichtweise das Nichtgriechische, das Barbarische. Wenn Alexander also seinen Krieg in Anlehnung an die *Ilias* und an Herodot akzentuierte und symbolisch auflud, dann signalisierte er damit, daß es ums Ganze ging, um den Kampf gegen die Barbaren, gegen deren Reich, gegen Asien – mithin letztlich um die Weltherrschaft. Daß er von vornherein darauf aus war, legt die hier vertretene Deutung nahe, die auf Hans-Ulrich Instinsky zurückgeht. Direkt nachweisen läßt sich eine entsprechende Zielsetzung freilich erst im Zusammenhang mit den

Verhandlungen zwischen Dareios III. und Alexander nach der Schlacht von Issos.

Darüberhinaus haben die rituellen Handlungen aber auch eine ganz persönliche Semantik. Alexander stellte hier nicht einfach einen Bezug zum Mythos her (wie etwa mit dem Protesilaos-Sprung), sondern er sah sich ganz persönlich in der unmittelbaren Deszendenz (Priamos-Opfer) von und in direkter Analogie (Grabbekränzungen) zu den größten Helden. Er stellte sich also gleichsam in den Mythos hinein oder – umgekehrt – er mythisierte sein eigenes Tun.

Sein Angriff traf die persische Seite keineswegs unvorbereitet. Der Großkönig Dareios III. war unter nicht unbedenklichen Umständen im Jahre 336 auf den Thron gelangt. Doch seine Herrschaft war keineswegs umstritten, wie auch die ersten Jahre des Alexanderzuges verdeutlichen. Gerade die Satrapen der kleinasiatischen Provinzen, denen er die Abwehr des Angriffs überließ und deren Truppen für diesen Zweck zahlenmäßig auch durchaus hinreichend waren, wollten durch energische und tapfere Kriegführung auch ihre Loyalität demonstrieren. Die Taktik des Memnon, eines Griechen aus Rhodos, der im Dienste des Großkönigs als Kommandeur der Küstenregion fungierte, wurde nicht akzeptiert. Er hatte vorgeschlagen, Alexander keine Schlacht anzubieten und durch Vernichtung des Getreides und anderer Vorräte seine Versorgung zu gefährden. Aber eine solche Politik der verbrannten Erde stand im Widerspruch zu der persischen Herrscheridee, nach der der Großkönig Schützer des Landes und der Bauern war, und zu den ritterlichen Idealen der persischen Satrapen. Diese wählten die offene Feldschlacht und stellten ihre Truppen am Fluß Granikos (Biga Çay), östlich der Landschaft Troas, in einer günstigen Verteidigungsposition auf. Der Fluß schützte die Stellung, und die dahinter liegende Ebene ließ eine Entfaltung der persischen Hauptwaffe, der Reiterei, zu, die der Alexanders um knapp das Doppelte überlegen war. Sie bildete die Elite der persischen Garnisonstruppe in Kleinasien. Dazu kamen ca. 20.000 Mann Infanterie, bestehend aus griechischen Söldnern, Teilen der persischen Garnisonstruppen und örtlichen Aufgeboten, die im wesentlichen vor den Reitern postiert waren.

Selbstverständlich nahm Alexander die Schlacht an (Mai 334). Durch Operationen seiner berittenen Aufklärungseinheiten lockte er die persische Kavallerie aus ihren Stellungen, um sie dann unmittelbar anzugreifen und in die Flucht zu schlagen. Wieder, wie bei Chaironeia, brachte eine Attacke der makedonischen Hetairoi unter persönlicher Führung Alexanders, gerichtet auf den stärksten Punkt des Feindes, die Entscheidung. Der Angriff war erfolgreich, gerade weil er strategischen Überlegungen zuwiderlief, zugleich höchst riskant (Alexander wäre fast getötet worden). Deshalb war der Sieg sehr ehrenvoll, zudem dank des Überraschungseffektes mit geringen eigenen Verlusten verbunden.

Besonders rücksichtslos ging man gegen die im Verlauf der Schlacht eingekesselten griechischen Söldner vor, die weitgehend niedergemacht wurden. Die Überlebenden wurden wie Sklaven in die makedonischen Bergwerke zur Zwangsarbeit geschickt. Das zeigt die prägnant panhellenische Deutung, die Alexander diesem Sieg verlieh – obgleich er die griechischen Bundestruppen gar nicht eingesetzt hatte: Wer als Grieche auf persischer Seite kämpfte, war ein Verräter, der nicht auf Pardon hoffen durfte, sondern härteste Strafe verdiente. 300 persische Rüstungen, die erbeutet worden waren, wurden der Athena Parthenos auf der Athener Akropolis gestiftet. Der Text der Weihung lautete: „Alexander, der Sohn Philipps, und die Griechen, außer den Lakedaimoniern, von den in Asien wohnenden Barbaren". Ganz wie in den Riten beim Übergang stehen sich Hellenen und Barbaren gegenüber. Alexander (ohne Königstitel) ist schlicht der Hegemon der Griechen – und die Spartaner, die nicht am Korinthischen Bund beteiligt waren, erhalten einen entehrenden Seitenhieb. Die Realität hatte zwar etwas anders ausgesehen – aber die Präsentation des Sieges als große Leistung für die hellenische Sache sollte bei den Griechen Eindruck machen, ganz im Sinne der offiziellen Zielsetzung des Krieges. Konsequent auf dieser Linie lag auch die Proklamation von Freiheit und Demokratie für alle griechischen Städte in Kleinasien. Da die Perser sich (ähnlich den Makedonen in Griechenland selbst) häufig auf oligarchische Cliquen gestützt hatten, war der Appell an die Selbstbestimmung in der Demokratie nicht nur eine gute Propaganda, sondern auch eine von der politischen Logik gebotene Maßnahme. In der Tat schlossen sich die meisten griechischen Städte jetzt Alexander an. Auf ähnliche Weise gestand er auch den lydischen Bewohnern der Satrapenhauptstadt Sardeis ihre alten Rechte zu und gewann dieses wichtige Zentrum der persischen Herrschaft in Kleinasien.

Der Sieg am Granikos hatte aber noch ganz andere Folgen. Die ruhmreiche persische Reiterei hatte sich, trotz zahlenmäßiger Überlegenheit, der makedonischen gegenüber als schwächer erwiesen. Dies war ein bedeutender Verlust an Prestige. Vor allem aber war die militärische Gesamtsituation schlagartig schlechter geworden. In Kleinasien gab es, außer an festen Plätzen, die loyal zu den Persern hielten und in denen noch stärkere Garnisonen massiert waren, keine Möglichkeit mehr, den Gegner zu bremsen. Der Großkönig mußte jetzt die Verteidigung seines Reiches persönlich in die Hand nehmen. In Kleinasien selbst ging jetzt der Oberbefehl vollständig an Memnon über. Dieser kontrollierte die wenigen noch persisch gebliebenen Küstenplätze, vor allem aber die Flotte. Damit konnte er allerdings, wie wir schon angedeutet haben, Alexander höchst gefährlich werden.

Dessen war sich dieser völlig bewußt. Schon hinter seinem panhellenisch-prodemokratischen Entgegenkommen steckte ein strategisch-militärisches Bedürfnis. Angesichts der Unzuverlässigkeit der griechischen Flottensoldaten mußte er aber vor allem den Radius der persischen Marine dadurch eingrenzen, daß er ihr die Basen nahm, also die Plätze an der West- und Südküste Kleinasiens. Dorthin richtete er sich zunächst. Er nahm Milet ein, wo die persische Herrschaft offenbar nicht unpopulär war, ging aber mit der Bevölkerung sehr schonend um, ganz auf der aktuellen politischen Linie. Darauf löste er die Bundesflotte vorerst auf und machte sich dann, im Herbst 334, an die Belagerung der wichtigsten Bastion, die den Persern noch verblieben war, des schwer zugänglichen und stark befestigten Halikarnassos im südwestlichen Kleinasien. Hier hatte sich, unter Memnons persönlicher Führung, der persische Widerstand massiert. Nach langwierigen Kämpfen gelang die Einnahme. Memnon freilich verlegte seine Operationsbasis nur um wenige Kilometer auf die Insel Kos und stellte mit der noch intakten Flotte – angesichts der Auflösung der griechischen – nach wie vor die größte Gefahr dar.

Um so notwendiger war, daß Alexander die Hafenplätze auch im südlichen Kleinasien in seine Hand brachte: Angesichts des bevorstehenden Winters schickte er den Großteil des Heeres nach Phrygien in die Winterquartiere, die jungverheirateten makedonischen Soldaten auf Heimaturlaub und zog selbst in einem Winterfeldzug nach Lykien und Pamphylien, wo er alle Küstenplätze durch freiwillige Unterwerfung an sich brachte. Durch das Bergland von Pisidien marschierte er schließlich ebenfalls nach Phrygien, wo er im Frühjahr 333 in Gordion, der alten phrygischen Königshauptstadt, Sitz des legendären Königs Midas, seine Truppen sammelte.

Bereits jetzt kontrollierte er die gesamte Westhälfte Kleinasiens, und er hatte auch deutlich gemacht, daß er hier eine eigene Herrschaft bewußt etablierte. Dabei paßte er sich den Gegebenheiten und Traditionen weitgehend an, nicht nur den jeweiligen indigenen, sondern auch den persischen. Überhaupt verrät seine Organisation eine Verbindung von politischer Logik und pragmatischer Lösung. Wo es echte oder potentielle Widerstände gegen die Herrschaft der Perser gab, appellierte er an alte Freiheiten (so bei Griechen und Lydern). In Karien förderte er die lokale Fürstendynastie, die schon in den Jahrzehnten zuvor, besonders unter dem mächtigen Fürsten Mausolos, ihre örtliche Herrschaftstradition mit der persischen Satrapenwürde verbunden hatten. Ada, die von den Persern entmachtete Schwester des Mausolos, bestätigte er in der Würde ihres Hauses und zugleich als Satrapin. Im Gegenzug wurde er von ihr adoptiert, also zu ihrem präsumtiven Nachfolger gemacht. Ansonsten behielt Alexander die persische Verwaltungsgliederung und im wesentlichen auch das persische System der Tributerhebung bei. Nur erhielten jetzt in der Regel makedonische Würdenträger den Rang des Satrapen, so z.B. Antigonos den des Satrapen von Phrygien. Dieser blieb in der Hauptstadt Kelainai und hatte in der folgenden Zeit eine für die rückwärtigen Verbindungen bedeutsame Funktion.

Die gewaltigen Eroberungen, von denen vorher allenfalls griechische „Sonntagsredner" geträumt hatten, verliehen Alexander einen besonderen Nimbus. So kam schon jetzt das Mirakulöse mit seiner Person in Verbindung, wurden über ihn Geschichten verbreitet, die ihn ins Übernatürliche rückten. Wahrscheinlich war vor allem der Hofhistoriograph Kallisthenes dafür verantwortlich. So soll während des Feldzuges in Lykien, als er an einem felsigen Küstenstreifen entlangzog, der als unpassierbar galt, das Meer vor ihm zurückgewichen sein. Besonders populär wurde die Geschichte, die man von seinem Aufenthalt in Gordion erzählte: Auf der dortigen Burg befand sich ein uralter Streitwagen, eine Reliquie aus der großen Zeit des phrygischen Reiches. Zwischen Joch und Deichsel hatte er einen Knoten, der sich nicht auflösen ließ. Es wurde gesagt, wer dies vollbringe, werde Herr von Asien werden. Alexander soll daraufhin den Knoten zerhauen haben. Schwerlich ist dies mehr als eine ausschmückende Erfindung. Doch zeigt der Gordische Knoten sehr deutlich, welches Bild von Alexander verbreitet war.

Während sich die makedonischen Truppen noch in Gordion sammelten, hatte Memnon bereits die Offensive in der Ägäis begonnen, sobald die Seefahrt im Frühjahr möglich war. In kürzester Zeit brachte er die wichtigen Inseln Chios und Lesbos (außer Mytilene) unter seine Kontrolle und gefährdete die Verbindungen Alexanders mit Europa, besonders im Bereich des Hellespont. Dieser ließ sich dadurch nicht von seinem Weg abbringen. Er stellte zwar Mittel für die Aufstellung und Unterhaltung einer neuen Flotte zur Verfügung. Aber seine Stoßrichtung lag anderswo: Wie in den großen Schlachten auf taktischer Ebene, suchte er unmittelbar die größte Herausforderung, das Herz des Gegners. Dies war jetzt der Großkönig selber. Ohne alle Gebiete im zentralen und östlichen Anatolien unter seine Kontrolle zu bringen, marschierte er mit seinem gesamten, durch frische Truppen verstärkten Aufgebot in Richtung auf den Taurus, die große Gebirgsgrenze zwischen dem anatolischen Binnenland und dem Mittelmeer. Kilikien war sein Nahziel, und damit die dortigen persischen Flottenstützpunkte. Aber zugleich wußte er, daß ihm bei einem derartigen Vorstoß das persische Reichsaufgebot, ja der Großkönig selbst entgegentreten mußte. Noch während des Marsches erhielt er die Nachricht vom Tode Memnons (Mai 333). Im Sommer überquerte er durch die nur spärlich gesicherte Kilikische Pforte den Taurus und nahm die riesige und fruchtbare Ebene des östlichen Kilikien in Besitz. Eine schwere Erkrankung, höchstwahrscheinlich eine Lungenentzündung, hielt ihn über Wochen zurück. Parmenion jedoch wurde vorgeschickt, um die Pässe nach Syrien im Bereich des Amanus-Gebirges zu sichern.

3. Issos und die Folgen

Die Nachrichten vom Tode Memnons und vom Vorrücken Alexanders veranlaßten den persischen Kronrat zu einer völligen Änderung der Strategie. Zwar wurden die Operationen in der Ägäis fortgesetzt, aber mit reduzierten Mitteln. Es fehlte den neuen Oberbefehlshabern, den Persern Pharnabazos und Autophradates, vor allem am diplomatischen Geschick im Umgang mit den Griechen. Lediglich die Verbindungen zu Sparta gestalteten sich enger. Ansonsten blieb die Ägäis ein Nebenkriegsschauplatz. Aber das lag auch im Interesse des Großkönigs. Denn dieser steuerte jetzt gezielt die unmittelbare Auseinandersetzung mit dem Aggressor an. Anspruch und Idee seines Herrschertums verlangten, daß er sein Land und dessen Bewohner verteidigte und daß er sich durch die Tat als wahrer Repräsentant des großen Gottes Ahuramazda bewies.

Ein riesiges Heer wurde vor allem aus den westlichen Provinzen des Reiches aufgestellt. Es waren Reiter und Infanteristen aus dem persischen Stammheer, diverse Truppenkontingente aus den Reihen der Untertanen und eine starke Formation griechischer Söldner. An Zahl war es dem Heer Alexanders um das zwei- bis dreifache überlegen. Dazu kamen die Garde aus der unmittelbaren Umgebung des Königs, die Großen des Reiches und der riesige Troß: Der König zog mit seinem gesamten Haushalt, also in Begleitung seines Harems, in den Krieg.

Als er bereits östlich des Amanus-Gebirges stand, erfuhr Alexander von seinem Anmarsch und eilte ihm entgegen, entlang der Küste des Golfes von Iskenderun. Da der König weiter im Osten marschierte, zogen die Heere zunächst aneinander vorbei, so daß die persische Armee nach Überquerung des Gebirges plötzlich im Rücken der Makedonen und Griechen stand. Bei dem kleinen Ort Issos, nördlich des Flusses Pinaros (dessen genaue Lokalisierung ist unklar), ließ Dareios die Truppe in Schlachtformation aufstellen (Ende Oktober/Anfang November 333). Die unmittelbar am Meer gelegene Ebene, ca. 7 km breit, war für die Entfaltung der persischen Hauptwaffe, der Reiterei, zwar nicht ideal, aber sie zwang den Gegner doch zu einer starken Ausdünnung seiner Schlachtreihe. Am Meer, auf seinem rechten Flügel, hatte der Großkönig die Kavallerie postiert, wohl an die 20.000 Mann. Sie sollte die Offensive beginnen und den Gegner von der Flanke her aufrollen. Im Zentrum und am linken Flügel waren die griechischen Söldner und die persischen Infanteristen, die leichter bewaffnet waren, aufgestellt (ca. 20.000 und 30.000 Mann). In ihrer Mitte befand sich der König mit seiner Garde (2.000 Kämpfer). Im hügeligen und teilweise stark gegliederten Gelände links von der eigenen Phalanx und in Richtung auf den Gegner, im Vorland des Amanus-Gebirges, standen Truppen, die den makedonischen Vorstoß von der Seite behindern sollten. Die Aufgebote der Untertanen bildeten die Reserve.

Alexander nahm die Schlacht an, ließ sein Heer wenden und entfaltete es in der Ebene südlich des Flusses. Links und im Zentrum standen die makedonischen und die griechischen Infanteristen nebst den thrakischen Speerkämpfern unter der

Führung Parmenions. Sie sollten defensiv operieren, während Alexander selber mit der Hetairenkavallerie auf dem rechten Flügel den Angriff reiten wollte. Auf die persische Aufstellung reagierte er, indem er die thessalischen und griechischen Reiter auf den linken Flügel beorderte und leichter bewaffnete Truppen gegen die im Hügelgelände stationierten Detachements beorderte. Derart abgesichert begann er die Attacke gegen den linken Flügel des Gegners, um dann gegen dessen Zentrum zu schwenken und dieses von der Seite und zum Teil im Rücken zu attackieren. Der Großkönig persönlich, auf seinem großartig herausgeputzten Streitwagen, inmitten der goldbeschlagenen Lanzen seiner Elitetruppe, war sein Ziel. Doch die Schlacht entwickelte sich für Alexander zunächst nicht gut. In hartem Gefecht setzten sich die persischen Kavalleristen und die griechischen Hopliten auf der Meerseite allmählich durch. Aber gerade als sich ihr Sieg abzeichnete, war im Zentrum die Entscheidung gefallen: Alexander hatte die persische Infanterie geworfen und war tatsächlich in einem Flanken- und Umzingelungsangriff vor dem Großkönig aufgetaucht. Dareios geriet in Panik, gab das Zeichen zum Rückzug und flüchtete. So konnte Alexander auch die persische Kavallerie am Meer angreifen und in die Flucht schlagen.

Der Sieg war total, wenngleich bei nicht geringen Verlusten auch auf Seiten der Makedonen und Griechen. Wenig später gerieten, bei einem raschen Vorstoß auf Damaskus, der Troß und vor allem der königliche Haushalt, die Damen des Großkönigs und nicht zuletzt die Kriegskasse, in die Hand Alexanders. Der Erfolg hatte daneben auch erhebliche psychologische Wirkungen: Der Nimbus der persischen Weltmacht und ihres großen Königs war schwer erschüttert. In offener Feldschlacht, nicht nur gegen ein Satrapenheer, sondern gegen den Herrscher selbst, war Alexander erfolgreich gewesen. Wie einst die legendären und heroisierten Kämpfer von Marathon und Salamis hatte er eine Entscheidung auf dem Schlachtfeld erzielt, und dies im Lande des Gegners.

Eine unmittelbare Konsequenz zeigte sich sofort. Die phoinikischen Küstenstädte, die letzten bedeutsamen Bastionen der persischen Flotte, boten ihre Unterwerfung an. Der Seekrieg in der Ägäis ging zuende, ja die Flottenaufgebote schlossen sich sogar Alexander an, mit einer Ausnahme: Die bedeutendste und berühmteste Stadt Phoinikiens war Tyros, die Mutterstadt von Karthago, selbstbewußt und bisher nie erobert, nicht einmal von dem großen König Nebukadnezar von Babylon. Unerreichbar lag sie auf einer Insel vor der Küste, verteidigt nicht nur durch mächtige Mauern, sondern vor allem durch ihre starke Flotte. Die Stadt war bereit, sich mit Alexander zu arrangieren, ohne sich jedoch völlig zu unterwerfen. So deutete man dort nämlich – sicher zu Recht – dessen Wunsch, bewaffnet und mit militärischem Gefolge in Tyros dem höchsten Gott der Stadt, dem Melkart, ein Opfer zu bringen, den die Griechen und Makedonen mit Herakles identifizierten. Die Leute von Tyros lehnten dies ab und erregten damit den unbändigen Zorn Alexanders. Alles setzte er daran, die Stadt mit Gewalt zu erobern. Rund acht Monate (Januar bis August 332) dauerte die Belagerung. Ein gewaltiger Damm wurde vom Land aus an die Stadt herangeführt, und als später die erwähnten Flottenkontingente zu Alexander stießen, konnte Tyros auch vom Meer aus eingekreist und schließlich erobert werden. Wie Theben wurde auch diese Stadt exemplarisch bestraft: Alexander ließ 8.000 Einwohner töten, 30.000 in die Sklaverei verkaufen und 2.000 wehrfähige Männer entlang der Küste ans Kreuz schlagen. Dann opferte er seinem Stammvater Herakles.

Kurz nach der Schlacht von Issos und während der Belagerung von Tyros kam es zu Verhandlungen zwischen Dareios und Alexander in Form eines offiziellen Briefwechsels und eines damit verbundenen Gesandtenaustausches. Der Alexanderhistoriker Arrian gibt uns die Briefe im Wortlaut, doch die Authentizität der Texte bleibt unter den Wissenschaftlern umstritten, desgleichen auch Details und zeitliche Ausdehnung der Verhandlungen. Ihr Gegenstand und zentraler Inhalt allerdings sind eindeutig. Zunächst ging es Dareios darum, seine Familie, d.h. seine Mutter, seine Frau und seine Kinder, freizubekommen, die bei Damaskus in die Hand der Makedonen geraten waren. Dafür bot er Freundschaft und Bündnis, möglicherweise auch Gebietsabtretungen in Kleinasien. Alexander, der die Damen des Königs ihrer Würde gemäß mit höchstem Respekt behandelt hatte, lehnte ab. Er sei der Herr von Asien, wenn Dareios das bezweifle, solle er mit ihm um die Herrschaft kämpfen.

Einige Zeit später unternahm der Großkönig einen neuen Vorstoß. Er bot ihm die Teilung des Reiches, den gleichen Rang und die Hand einer Tochter an. Alle westlichen Gebiete bis zum Euphrat, neben den bereits eroberten Gebieten also auch Ägypten, sollten Alexander gehören. Die Diskussion im makedonischen Kronrat und Alexanders Reaktion sind für die Beurteilung seiner Ziele besonders wichtig. Im Verlauf der Beratungen soll Parmenion erklärt haben, er würde das Angebot annehmen, wenn er Alexander wäre. Alexander habe dem entgegengehalten: „Ich auch, wenn ich Parmenion wäre". Die Geschichte ist, wie viele andere, in ihrer Echtheit umstritten. Doch in ihr steckt mindestens eine einleuchtende Interpretation. Die Konzession des Großkönigs überstieg bei weitem alles, was sich ein Grieche oder Makedone als Konsequenz eines nur zweijährigen Feldzuges in Asien erwarten konnte, auch einer, der den Aufstieg Philipps erlebt hatte. Jetzt einzulenken, so vernünftig zu verfahren, wie es Parmenion vorschlug, war höchst einleuchtend. Einiges spricht dafür, daß Philipp selbst, zu dessen engsten Mitarbeitern Parmenion gehörte, so entschieden hätte. Ausschlaggebend ist allerdings das Verhalten Alexanders. Bei ihm war es keine Frage, er ging aufs Ganze. Was die Analyse der rituellen Akte bei Kriegsbeginn nahegelegt hatte, bestätigt sich hier und ist für diesen Zeitpunkt, den der definitiven Ablehnung des weitgehenden Angebotes wahrscheinlich vor Tyros, gesichert. Spätestens jetzt war endgültig klar: Alexander wollte die Herrschaft über das Reich der Perser; damit aber verband sich wahrscheinlich schon der Gedanke an die Herrschaft über die ganze Welt.

Daß er sich auch nach der Einnahme von Tyros nicht direkt mit dem Großkönig auseinandersetzte und ihm damit noch die Möglichkeit zur Mobilisierung eines weiteren Aufgebotes gab, läßt sich relativ leicht strategisch-politisch erklären. Zwar gab es an der Levante und in der Ägäis keinen Widerstand mehr. Doch die Situation in Griechenland hatte sich noch nicht beruhigt. Agis III., seit 338 König von Sparta, sammelte die Unzufriedenen auf der Peloponnes um sich und brachte sie zum Aufstand. Es war also immer noch sinnvoll, auch den Rest des Küstenstreifens unter die Kontrolle zu bringen und nicht zuletzt Ägypten einzunehmen. Mit diesem strategischen Gesichtspunkt mögen andere Motive und Überlegungen verbunden gewesen sein, die sich jedenfalls später für Alexander in Anspruch nehmen lassen: Ägypten war ein durchweg ehrwürdiges Land, von den Griechen wegen seiner uralten und hochbedeutenden Kultur zutiefst bewundert, ein Land, dessen Religion, Kultur und Heiligtümer besondere Beachtung verdienten. Es zu besuchen, war deswegen per se erstrebenswert. Hinzu kommen womöglich eher nüchterne wirtschaftliche Planungen, zumal nach der Zerstörung von Tyros, eines der großen Zentren der Levante, ja des Welthandels. Die Gründung Alexandreias zeigte, daß solche Gedanken Alexander nicht fremd waren.

Jedenfalls zog das Heer zunächst, ohne Widerstand zu finden, weiter nach Süden. Die Stadt Gaza, neben den phoinikischen Städten ein bedeutender Umschlagplatz, vor allem als Endpunkt wichtiger Karawanenwege, verweigerte die Unterwerfung. Wie diejenige von Theben und Tyros wurde die Bevölkerung nach der rücksichtslosen Logik der Einschüchterung mit Massakrierung und Versklavung gestraft. Damit war der Weg nach Ägypten frei.

4. Ägypten, Alexandreia und Siwa

Die persische Herrschaft hatte sich in Ägypten nie wirklich durchsetzen können. Immer wieder hatte es Aufstände gegeben, vor allem in den unübersichtlichen Gebieten Unterägyptens mit dem Nildelta. Seit dem Beginn des 4. Jahrhunderts war das Land unter eigenen Herrschern völlig unabhängig gewesen und erst rund 10 Jahre vor Alexanders Ankunft von den Persern wieder unterworfen worden. Artaxerxes III. soll dabei sehr hart verfahren sein und insbesondere auf die Religiosität der Ägypter wenig Rücksicht genommen haben. Alexander tat das genaue Gegenteil. Als der persische Satrap ihm die Provinz freiwillig übergab, erwies er den ägyptischen Göttern ihre Reverenz, und zwar genau in der Art, wie es die traditionellen Herrscher, die Pharaonen, praktiziert hatten. In Memphis, der Hauptstadt Unterägyptens, opferte er dem Stiergott Apis, für die oberägyptischen Zentren Karnak und Luxor ordnete er die Wiederherstellung aller Heiligtümer an. Ganz entschieden setzte Alexander auf die wesentlichen einheimischen Traditionen. Die Führungsschichten, vor allem die Priesterschaften der großen Tempel, akzeptierten ihn deshalb als ihren eigenen Herrscher, und so wurde er offiziell als Pharao angesehen und vermutlich auch in aller Form nach dem ägyptischen Ritus als solcher inthronisiert. Damit gingen alle Aufgaben des Herrschers auf ihn über, die Sorge für das Land und seine Untertanen, die Beachtung der kultischen Verpflichtungen und der administrativen und jurisdiktionellen Aufgaben, die nach ägyptischer Vorstellung für die Aufrechterhaltung der Weltordnung, für die Gewährung des Lebens und konkret für die Wiederkehr der segensreichen Flut des Nils unerläßlich waren. Zugleich wurde er als mit göttlicher Kraft begabter Sohn des höchsten Gottes, des vielfältigen Sonnengottes Amun-Re, angesehen und kultisch verehrt.

Seine eigenen Vorkehrungen zur Verwaltung Ägyptens nahmen darauf Rücksicht. Da er selber der Herrscher war, gab es keinen einheitlichen Provinzstatus. Die traditionelle einheimische Administration und Götterverehrung lag – gleichsam stellvertretend – in der Hand von zwei vornehmen Ägyptern (getrennt nach Ober- und Unterägypten). Die Organisation der Landesverteidigung, der Finanz- und der Außenwirtschaft kam in makedonisch-griechische Hände. Die wichtigste Person war Kleomenes von Naukratis. Schon in den letzten Jahrhunderten ihrer Unabhängigkeit hatten sich die Pharaonen auf diesen Gebieten weitgehend auf Fremde verlassen, auf Söldner und Handelsleute. Griechen hatten dabei eine große Rolle gespielt. Naukratis war eine griechische Siedlung im östlichen Nildelta, über die der ägyptische Pharao seine wirtschaftlichen Kontake mit dem Ausland abwickelte. Es ist sehr bedeutsam, daß Alexander gerade einem Griechen aus dieser Stadt die wichtigste Funktion in der Finanz- und Wirtschaftsadministration verlieh – die dieser übrigens so energisch wahrnahm, daß er in wenigen Jahren die Macht in Ägypten weitgehend allein kontrollierte.

In die Zeit des Ägyptenaufenthaltes fallen zwei Ereignisse, die, jedes für sich und beide in ihrer Verbindung, für Alexander ungemein charakteristisch sind: die Gründung von Alexandreia und der Zug in die Oase Siwa, eine Maßnahme rationalster ökonomisch-urbanistischer Planung neben einem anscheinend phantastisch-irrationalen Unternehmen. Anfang des Jahres 331 schritt Alexander im Westen des Nildeltas, gegenüber der bereits bei Homer erwähnten Insel Pharos, zur Gründung einer Stadt, die seinen Namen tragen sollte. Auf einem langestreckten Rücken gelegen, zwischen einem Binnensee und dem Meer, also sowohl mit dem Nil als auch dem Mittelmeer verbunden, nach Ägypten hin wie in die Welt gerichtet, sollte es in erster Linie ein großer Handels- und Umschlagplatz sein, nicht nur zum Wohl der Händler und Verbraucher, sondern auch zur Verbesserung der königlichen Einkünfte. Bezeichnenderweise sollte Kleomenes von Naukratis gerade hierauf sein Augenmerk richten. Nach der Zerstörung von Tyros und Gaza bestand für ein neues Zentrum ein hoher Bedarf. Die Rationalität der Planung bestimmte auch die gesamte Anlage: die Auswahl des Platzes, die Planung des Grundrisses nach den Regeln der griechischen Urbanistik und die Beauftragung führender Architekten und Wasserbauingenieure. Nichts war dem Zufall überlassen.

Und doch hatte das merkantile Projekt noch eine andere Seite. Es diente auch dem Ruhm des Königs. Die Stadt trug seinen Namen in die Welt. Es sollte ein richtige Stadt sein, nach griechischen Vorstellungen durchaus eine Polis, mit einer freien Bürgerschaft aus Griechen und Makedonen, daneben aber auch mit Raum und Recht für andere Bevölkerungsgruppen, Ägypter, Syrer, Juden usw. Die Stadt sollte ihre Angelegenheiten im wesentlichen selbst regeln, auf eigenen Füßen stehen können. Gerade deshalb griff der Herrscher auf das Modell der Polis zurück. Dies sollte er später noch oft tun, unabhängig von der jeweiligen Funktion der Stadt. Für die Entwicklung in den späteren Jahrhunderten und die Expansion der griechischen Zivilisation war diese Art der Kolonisierung, die Verbindung von König und Polis, von herrscherlichem Akt und im Prinzip autonomer und in der Tendenz autonomiebewußter Organisation, besonders bedeutsam.

Im Einzugsbereich des Pharaonenreiches lag schon seit vielen Jahrhunderten das alte libysche Orakel in der großen Oase Siwa. Die Ägypter hatten es mit ihrem Gott Amun-Re verbunden. Damit hatte es in ihrer Königsideologie und womöglich auch im Zusammenhang mit der Inthronisation des Pharao eine große Bedeutung. Seit Thutmosis III. und seiner Frau Hatschepsut (15. Jahrhundert v. Chr.) gab Amun-Re dem neu antretenden Herrscher ein zustimmendes Orakel in seinem Tempel im oberägyptischen Theben. Im Heiligtum in Siwa konnte Ähnliches geschehen. Auch hier äußerte der Gott seinen Willen durch Nicken, d.h. durch die Bewegung einer Barke mit seinem Symbol. Das Heiligtum in der Oase genoß aber auch bei den Hellenen hohe Verehrung. Seit dem 6. Jahrhundert war scin Ruf von der nordafrikanischen Griechenstadt Kyrene aus in der griechischen Welt verbreitet worden. Schon im 5. Jahrhundert galt das Orakel neben dem des Apollon in Delphi und dem des Zeus in Dodona als das zuverlässigste. Es wurde ganz in den griechischen Vorstellungshorizont übernommen. Große Helden des Mythos, Herakles und Perseus, hatten es angeblich befragt. Der Gott wurde, naheliegenderweise, mit dem höchsten griechischen Gott identifiziert, mit Zeus. Dieser erhielt einen Beinamen in Anlehnung an das Vorbild, und übernahm offenkundig auch Elemente von dessen bildlicher Darstellung: Er war Zeus Ammon, der um die Ohren herum die Hörner eines Widders trug.

Angesichts der Verehrung gegenüber den Göttern verschiedenster Kulturkreise, die Alexander bisher an den Tag gelegt hatte, muß man sich nicht wundern, daß er die Orakelstätte besuchte. Das läßt sich leicht rational erklären. Als neuer Herrscher von Ägypten konnte ihm die sinnvolle und demonstrative Geste gegenüber dem Orakel nur hilfreich sein, und als Angehöriger des griechischen Kulturkreises mußte ihm die Befragung eines solchen Orakels und die Reverenz vor Zeus Ammon ohnehin naheliegen. Das sind Gründe, die den Zug nach Siwa wohl hinreichend erklären könnten, auch wenn es ein langwieriger Marsch durch die Wüste war und auch wenn der eigentliche Gegner immer noch in Mesopotamien saß und für den nächsten Waffengang rüstete.

Aber es ging um mehr, und Alexander hat dies auch deutlich gemacht. Der Zug in die Oase Siwa war, wie etwa der Übergang nach Asien, eine durch und durch symbolträchtige und auch als solche inszenierte und nach außen präsentierte Aktion. Alexander kannte mittlerweile vom ägyptischen Herrschaftszeremoniell und Herrscherverständnis genug, um zu wissen, daß man ihn in Siwa als „Sohn des Amun-Re" anreden würde. Das war normaler Bestandteil der Titulatur. Aber übersetzt in die griechische Vorstellungswelt war er dann „Sohn des Zeus Ammon", Sohn des höchsten griechischen Gottes, wie Herakles. Wenn diese Bezeichnung von einem in Griechenland so angesehenen Heiligtum ausging und entsprechend propagiert wurde, mußte das eine große Wirkung haben.

Der zweite Aspekt war die Befragung des Orakels. Sie war wichtig für die vor ihm liegende Herrschaft. Was Alexander konkret gefragt hat, was geantwortet wurde und wie die Deutung durch die Priester ausfiel, hat der König für sich behalten. Er hat aber darin womöglich die Bestätigung für die bevorstehende Eroberung der Welt gesehen. Jedenfalls hat er später, nach seinem Verständnis am Ende der Welt, am Indischen Ozean, die vom Orakel in Siwa vorgeschriebenen Opfer vollzogen. Wenn diese Deutung richtig ist, dann stand die Vorstellung von der Weltherrschaft bereits zu diesem Zeitpunkt für Alexander fest.

Der Zug nach Siwa wurde in der Präsentation für die griechische Welt von vornherein mit Elementen des Wunderbaren und Phantastischen umgeben. Orakel in Kleinasien hatten angeblich schon vorher auf ihn hingewiesen. Der Historiker Kallisthenes beschrieb die Schwierigkeiten und Mirakel mit allen ihm zu Gebote stehenden rhetorischen Mitteln. Bald konnte das Thema sich zum literarischen Motiv verselbständigen: Besonders über die Modalitäten der Zeugung Alexanders, also der Verbindung des Gottes mit seiner Mutter, kursierten zahlreiche Geschichten. Ob sie nun schmeichelhaft waren oder nicht – auch über die Zeugung vieler mythischer Helden durch Zeus gab es diverse Erzählungen, und auch auf dieser Ebene stand der makedonische König jetzt neben den Heroen.

Doch war der Zug nach Siwa wohl nicht nur ein per se schon naheliegendes Stück herrscherlichen Verhaltens und ein weiteres Element symbolischer Heroisierung. Man kann mit guten Gründen vermuten, daß Alexander selbst damit noch mehr verband, etwas ganz Individuelles. Zwischen dem Orakel und seiner Person gab es ein besonderes Band, und das weist über die bloße Instrumentalisierung eines bedeutenden Heiligtums neben anderen hinaus. In der Überlieferung wird *pothos*, Sehnsucht, als Motiv für den Zug angegeben, das immer dann auftaucht, wenn es um ganz persönliche Ambitionen geht. Nach dem Tod seines engsten Freundes Hephaistion befragte Alexander das Orakel in Siwa wegen dessen postumer Ehrungen. Und vor allem war es sein eigener Wunsch, dort bestattet zu werden. Es gab also eine ganz persönliche Bindung an das Heiligtum, und so hat es den Anschein, als sei die Heroisierung nicht nur Pose gewesen, sondern im Kern ein Reflex von Alexanders Selbstverständnis. Für ihn selber hatte sich offenkundig die Grenze zwischen der mythischen Welt und seiner eigenen verwischt. Schon in Troja hatte er sich unmittelbar mit dem Mythos in Beziehung gesetzt. Wer nicht nur Nachkomme von Herakles und Achilleus war, sondern auch mit ihnen lebte und konkurrierte, der konnte sich auch selber als Heros und Halbgott fühlen und dafür die Bestätigung einer höchst angesehenen religiösen Instanz einholen. Was uns ungeheuerlich erscheint, war nach verbreiteten Vorstellungen keineswegs ausgeschlossen und mochte im individuellen Falle sogar naheliegen. Wenn wir diese der unseren ganz fremde Mentalität in Rechnung stellen, dann werden unsere kategorischen Scheidungen von rationalem und irrationalem Verhalten plötzlich fragwürdig. Der nüchterne Städteplaner und der phantastische Gottessohn stehen dann nicht mehr im Widerspruch. Die Handlungen, gerade die programmatischen Handlungen Alexanders in Ägypten, die Gründung der Stadt und die Befragung des Orakels, sind in sich stimmig und schlüssig.

5. Die Entscheidung

Im April 331 brach Alexander von Ägypten auf, um das Zentrum des Perserreiches direkt anzugreifen. Über Tyros und die Bekaa-Ebene kam er an den Euphrat. Hier gab es im Prinzip zwei Möglichkeiten, den Weg fortzusetzen: Man konnte den Euphrat entlang abwärts nach Babylon und dann nach Susa gelangen oder quer durch die Steppe des nördlichen Mesopotamien zum Tigris vorstoßen und von dort der persischen Königsstraße nach Süden folgen. Möglicherweise war der erste Weg versperrt, da der Satrap von Babylon, Mazaios, die Ernte und Versorgungsdepots vernichtet hatte. Aber wohl unabhängig davon wählte Alexander den schwierigen Weg quer durch Assyrien, weil er wußte, daß ihn sein Gegner östlich des Tigris erwartete, und weil er wie dieser das direkte Duell suchte.

In der Tat wollte es auch Dareios darauf ankommen lassen. Seit seiner Flucht von Issos hatte er hinreichend Zeit gehabt, um ein weiteres, noch größeres Reichsaufgebot zu mobilisieren. Was ihm sein herrscherliches Selbstverständnis vorschrieb und seine Untertanen wie Gefolgsleute von ihm erwarteten, den ritterlichen und heldenhaften Kampf gegen den Aggressor, hatte er bestens organisiert. Die kampftüchtige Reiterei der ostiranischen Stämme, vor allem aus Baktrien und Sogdien, bildete den Kern des Heeres. Hinzu kamen ostanatolische, zentraliranische und medische Kavalleristen sowie als Spezialwaffe Streitwagen, die mit Sicheln an den Deichseln zum Kampf gegen die gegnerische Kavallerie eingesetzt werden sollten, ferner indische Kriegselefanten. Auch skythische Bogenkämpfer zu Pferde waren als Alliierte herangezogen worden. Die persische Garde des Königs, das immer noch große Kontingent der griechischen Söldner und Truppen aus den Reihen der Reichsuntertanen, besonders aus Babylonien, bildeten die Infanterie. Allein die Kavallerie hat rund 40.000 Mann umfaßt, das Fußvolk läßt sich auf 200.000 Leute schätzen.

Vor allem aber war das Schlachtfeld genau ausgesucht worden, in der großen Ebene von Gaugamela nahe der Stadt Arbela. Diese war für die Entfaltung der riesigen Reiterscharen und der Sichelwagen sehr günstig. Sie wurde überdies durch die Anbringung von Annäherungshindernissen gegen die makedonischen Reiterattacken noch zusätzlich präpariert. Aus den bisherigen Erfahrungen hatte man gelernt. Auf dem linken Flügel, dort wo mit Alexanders Angriff zu rechnen war, standen die besten Truppen, die baktrischen und sogdischen Reiter sowie die Skythen unter dem Satrapen Bessos, einem Verwandten des Großkönigs aus dem Hause der Achaimeniden. Der ostiranische Satrap in Baktrien hatte traditionell im persischen Reich den zweithöchsten Rang nach dem Großkönig inne. Im Zentrum stand Dareios selbst, flankiert von seiner Garde und den griechischen Söldnern, vor ihm die Elefanten und Sichelwagen, hinter ihm die Reservetruppe der Untertanen aus Babylonien. Den rechten Flügel mit der ebenfalls recht kriegstüchtigen zentraliranischen, medischen und ostanatolischen Reiterei kommandierte der Satrap Mazaios.

Als Alexander nach der Durchquerung der Steppe von der Massierung der gegnerischen Truppen erfuhr, nahm er die Schlacht an. Ihm standen ca. 7.000 Reiter, 10.000 Pezhetairen, 3.000 Hypaspisten, 2.000 Bogenschützen und Schleuderer sowie 20.000 weitere Infanteristen (griechische Söldner und Bundesgenossen, illyrische und thrakische Leichtbewaffnete) zur Verfügung. Die Breite der persischen Phalanx konnte er unmöglich erreichen. So stelle er seine Truppen ähnlich wie bei Issos auf: auf dem rechten Flügel die Hetairenreiterei, an deren Spitze er persönlich stand, im Zentrum und zum linken Flügel hin nebeneinander die Hypaspisten, die Pezhetairen und die thessalischen Reiter, unter dem Oberfehl Parmenions. Zusätzlich sicherte er die Schlachtreihen gegen den angesichts der gegnerischen Überlegenheit zu erwartenden Umzingelungsversuch, indem er Leichtbewaffnete an den Seiten postierte, die je nach Gelegenheit schwenken konnten, und eine zweite Linie aus den griechischen Hopliten im Zentrum plazierte, die auch in die andere Richtung kämpfen konnte. So war eine Rundumverteidigung möglich.

Am Morgen des 1. Oktober 331 entwickelte sich die Schlacht wahrscheinlich mit einer Rechtsbewegung Alexanders und seiner Hetairoi. Rasch gingen die beiden persischen Flügel zum Angriff über. Insbesondere der rechte Flügel unter Mazaios brachte Parmenion in erhebliche Schwierigkeiten, während Bessos versuchte, Alexanders Kavallerie von außen einzukreisen. Doch diese stieß in die dadurch freigewordene Lücke und attackierte erneut direkt den Großkönig im Zentrum. Wieder hielt dieser nicht stand, sondern ergriff die Flucht. Alexander verfolgte ihn nicht, weil er Parmenions Truppen auf dem anderen Flügel zu Hilfe eilen mußte. Die iranischen Reiter, die zum Teil schon mit der Plünderung des makedonischen Trosses begonnen hatten, wurden auch hier geworfen. Zwar mochte der flüchtige Großkönig versuchen, im Osten des Reiches weiteren Widerstand zu organisieren; doch daß jetzt der Sieg von Issos bestätigt und eine definitive Entscheidung gefallen war, ist wohl allen Beteiligten klar gewesen.

Noch auf dem Schlachtfeld wurde Alexander zum „König von Asien" ausgerufen. Diese Proklamation war die Bestätigung und Erlangung dessen, was mit dem Speerwurf am Hellespont zu Beginn des Feldzuges angekündigt und beansprucht und in den Verhandlungen nach Issos herausgestellt worden war: Alexander hatte das Reich des Perserkönigs, für die Griechen „Asien“, gewonnen. Es war seine ganz persönliche Herrschaft, gegründet auf den militärischen Sieg. Diesen gestaltete der König aber auch ganz demonstrativ als einen panhellenischen. Er verkündete das Ende der Tyrannenherrschaften und die Freiheit der griechischen Städte, verfügte den Wiederaufbau der Polis Plataiai, weil deren Vorfahren Griechenlands Freiheit verteidigt hatten, und schickte einen Teil der Beute nach Kroton in Unteritalien; denn von dort aus hatte ein einzelner von allen dortigen Griechen, Phayllos, mit einem Schiff die griechische Flotte bei Salamis verstärkt. Diese Reminiszenz an die Perserkriege, an den Ionischen Aufstand und die Siege von Salamis und Plataiai (480 bzw. 479 v. Chr.), und das in direktem Bezug auf den Bericht Herodots, liegt auf derselben Linie wie die symbolischen Gesten beim Übergang nach Asien. Bezogen auf jene Gesten verdeutlichte die Königsproklamation, daß nunmehr als vollendet galt, was dort seinen Anfang genommen hatte. Die Perserkriege waren sozusagen endgültig gewonnen, indem die Herrschaft im Reich des Gegners angetreten war. Als Hegemon des Korinthischen Bundes war Alexander auf der ganzen Linie erfolgreich gewesen. Aber der Krieg war ja noch keineswegs definitiv beendet, und was der neue König von Asien mit seiner Herrschaft machte, wie er diese verstand und auszuüben gedachte, das mußte er noch zeigen. Gelegenheit dazu gab es bald. Denn Alexander ließ auch nach dieser Schlacht den Großkönig fliehen. Er selbst marschierte zunächst nach Süden, in Richtung auf die Metropolen des Reiches.

6. Babylon, Susa, Persepolis

Babylon war eines der berühmtesten und höchstangesehenen Zentren der Welt. In besonderer Weise war die Stadt mit ihren hochragenden Tempeln, den gigantischen Mauern und Toren und dem klaren Straßennetz Erbe und Repräsentant der Traditionen orientalischer Hochkultur. Der König als Vertreter der Gottheit auf Erden und Herr der gesamten Welt

– diese in das dritte Jahrtausend zurückreichende Vorstellung hatte Gesicht und Geschichte der Stadt geprägt und war in ihr noch allenthalben spürbar. Die Perser hatten sich mit der rund 200 Jahre zurückliegenden Eroberung in diese Tradition hineingestellt und deshalb die Stadt und ihre Götter, besonders den Hauptgott Marduk, zunächst mit hohem Respekt behandelt. Aber seit der Zeit des Großkönigs Xerxes (486–465) waren die Bauten und Kulte von den Herrschern vernachlässigt worden. Unter Artaxerxes II. hatte sich das ein wenig geändert. Aber die Stimmung der babylonischen Bevölkerung und vor allem der chaldäischen Priesterelite war kaum besonders positiv gegenüber der persischen Herrschaft geworden. Daß sie – ähnlich den Ägyptern – dem neuen Herrscher einen Vertrauensvorschuß einräumten, lag nahe. Eher mag man sich darüber wundern, daß auch der persische Satrap Mazaios, soeben noch an wichtiger Stelle an der Schlacht von Gaugamela beteiligt, sich Alexander unterwarf.

Jedenfalls fand dieser keinen Widerstand, sondern konnte schon vor den Toren Babylons die Huldigung des Satrapen und der Babylonier entgegennehmen und dann wie in einem feierlich-fröhlichen Triumphzug unter großer Begeisterung der Bevölkerung in die Weltstadt einziehen. Wie in Ägypten verfügte er sogleich die Wiederherstellung der beschädigten und teils verfallenen Heiligtümer und brachte Opfer dar, hier vor allem für den großen Marduk. Dezidiert stellte er sich auch hier in die gewachsene Tradition und vollzog genau, was genuine Aufgabe des Herrschers war. Der neue „König von Asien“ blieb bei seinem bisherigen Verfahren. Er war der Herrscher in den jeweils gegebenen Überlieferungen und mit den jeweils tradierten Praktiken. Das war nicht nur der Gewinnung der nötigen Akzeptanz und der Legitimierung der neuen Herrschaft förderlich, sondern auch aus rein praktischen Gesichtspunkten geboten. Wer mit einer Kampftruppe von nur gut 40.000 Mann und einem recht kleinen Stab ein Weltreich nicht nur durchziehen, sondern in Besitz nehmen wollte, mußte diesen einfachen Weg nehmen. Auch Kyros beispielsweise, der Begründer des persischen Reiches, war prinzipiell nicht anders verfahren.

Folgerichtig wurde Mazaios nach seiner Unterwerfung als Satrap anerkannt und verhielt sich Alexander überall, wo die anderen Statthalter entsprechende Gesten der Loyalität vollzogen, ebenso. Lediglich das militärische Kommando über die in den Provinzen zurückgelassenen Truppen blieb in den Händen makedonischer Offiziere.

Spätestens in Babylon ist Alexander mit den orientalischen Konzepten der Weltherrschaft in nähere Berührung gekommen. Seit dem 3. Jahrtausend gehörten sie zum Inventar des Herrscherverständnisses. Schon lange aber hatte man sich daran gewöhnt, sie nicht mehr wörtlich zu nehmen, sondern bloß titular zu verstehen. Die ersten Achaimeniden hatten den Gedanken wiederbelebt, doch auch dies war wieder in den Hintergrund getreten. Für Alexander indessen war Weltherrschaft ein ganz konkretes Ziel. Womöglich war es bereits während der Übergangsriten des Frühjahrs 334 in seinem Kopf. Aber durch die Erfolge und mit wachsender Kenntnis der anderen Traditionen mußte es zunehmend von einer grundsätzlichen Idee zu einem realen und realisierbaren Programm werden. Babylon war ein wichtiger Schritt auf diesem Wege. Immer mehr war Alexander in die Herrschervorstellungen des Orients eingetaucht, immer mehr hatte er wie ein orientalischer Herrscher agiert und dies alles ganz ernst genommen. Aber immer noch lag in der Würde des „Königs von Asien“ eine Spannung: War er der Eroberer oder der Nachfolger? War die Rücksicht auf die Traditionen Taktik des Gewalthabers oder Ausdruck eines Herrschaftkonzeptes?

Ähnlich wie Babylon fiel Alexander auch Susa, die Hauptstadt des alten elamischen Großreiches, in die Hand (Dezember 331). Sie war eine der drei eigentlichen Hauptstädte des persischen Reiches, neben Persepolis und Ekbatana. Vor allem in den Wintermonaten residierten die Großkönige hier. Hier befand sich auch der wichtigste Teil des königlichen Schatzes, die legendäre Schatzkammer des Königs, bestehend aus Unmengen von wertvollen Geräten, größtenteils aus Edelmetallen, die als Tribute oder Geschenke an den Großkönig gelangt waren. Alexander übernahm jetzt dieses Vermögen und verwandelte es in den folgenden Jahren sukzessive von einem Medium der Präsentation von Macht und Reichtum zu einem normalen Zahlungsmittel. Er ließ die Edelmetalle einschmelzen und Münzen vor allem zur Finanzierung der Kriegszüge prägen. Der enorme Zuwachs der Geldmenge hatte in den folgenden Jahren gravierende ökonomische Konsequenzen (Inflation) in der gesamten östlichen Mittelmeerwelt, legte aber zugleich das Fundament für die hellenistische Wirtschaft.

In Susa bestieg Alexander aber auch demonstrativ den Thron der Achaimeniden – wiederum eine der charakteristischen und aussagekräftigen symbolischen Handlungen. Zieht man, wie oben geschehen, eine Linie vom Speerwurf und vom Sprung nach Asien zur Ausrufung zum König von Asien nach Gaugamela, so kann man sie bis hierhin verlängern. Herr von Asien war ja zuvor der Großkönig in Susa. Alexander trat jetzt mit einfacher Geste sinnfällig an seinen Platz. Aber die gerade beschriebene Ambivalenz blieb bestehen. Verdrängte er ihn als Eroberer, als der er mit dem Speerwurf angetreten war? Oder trat er wie ein Erbe an seine Stelle?

Das nächste Ziel war die Landschaft Persis (Fars), die eigentliche Heimat des Stammes der Perser. Hier lag Persepolis, gleichsam die demonstrative Hauptstadt des Reiches. Dort befand sich der monumentale Palast, an dem seit Dareios I. die persischen Großkönige gebaut hatten. Er hatte administrative Funktionen, diente aber vor allem als Ort für Riten und Zeremonien, in denen die Monarchie ihre Verbindung mit der religiösen Sphäre zelebrierte und ihre Pracht ostentativ zur Schau stellte. In den Reliefs des Palastes war die Loyalität der verschiedenen untertänigen Völker gegenüber dem Großkönig etwa durch die Darstellung von Gaben- und Tributbringern in Stein fixiert. In der Nähe, rund 6 km von Persepolis entfernt, bei Naqsh-i-Rustam, befanden sich die gewaltigen Gräber der persischen Herrscher seit Dareios I. – Symbole nicht nur des

Königtums schlechthin, sondern vor allem auch der legitimen Kontinuität.

Zum ersten Mal nach der Schlacht von Gaugamela stieß Alexander auf Widerstand: Zwischen Susa und der Persis hatte er sich mit einem Bergvolk auseinanderzusetzen, und schließlich fand er den Zugang in das Herz der Persis, die sogenannte Persische Pforte in den nördlichen Randgebirgen der Landschaft, versperrt. Mittels einer Umgehungsaktion schlug er die Verteidiger in die Flucht. Auch sonst zeigte der Widerstand, daß die Perser selber keineswegs bereit waren, sich dem Eroberer ohne weiteres zu beugen. Bald mußten sie jedoch seine Überlegenheit anerkennen: Der Kommandant der Hauptstadt übergab ihm Persepolis (Januar 330). Nach der Erfahrung der vergangenen Wochen trat Alexander hier als Machthaber und Eroberer auf. Er überließ die Stadt seinen Soldaten zur Plünderung.

Dies war allerdings keine grundsätzliche Wende seiner Politik. Im wesentlichen bestätigte er auch hier und in den benachbarten Satrapien die persischen Gouverneure in ihren Ämtern, stellte ihnen freilich makedonische Militärbefehlshaber an die Seite. Er bezeugte auch dem Begründer des persischen Weltreiches, Kyros dem Großen, seine Reverenz, indem er dessen Palast und Grab in Pasargadai, der ursprünglichen persischen Hauptstadt unweit von Persepolis, aufsuchte.

Mehrere Monate blieb Alexander in Fars und in Persepolis. Er erhielt dort die Nachricht von dem Erfolg seines Statthalters Antipatros im Krieg gegen die Spartaner unter ihrem König Agis III. (338–331). Dieser hatte die Makedonen auf der Peloponnes bekämpft und dabei auch Unterstützung bei anderen griechischen Staaten gefunden. Um Alexanders Siegeszug auch nur geringfügig zu beeinflussen, kam dieses Unternehmen aber ohnehin viel zu spät.

Am Ende des Aufenthaltes in Persepolis (Mai 330) fiel der monumentale Palast von Persepolis einem Brand zum Opfer. Alexander selbst hatte ihn mit seinen getreuen Offizieren angezündet. Über das Motiv und die Hintergründe dieser Tat kann man nur Mutmaßungen anstellen. Die offizielle Erklärung war, daß es sich um die Rache für die Zerstörung der griechischen Heiligtümer während des Xerxes-Zuges (480/79) handelte. Das ist auf den ersten Blick durchaus stimmig. Der Zug Alexanders war offiziell als Racheunternehmen angelegt. Demonstrative Akte mußten und konnten dies unter Beweis stellen. Zudem zeigt der archäologische Befund im Palast selbst, daß vor der Zerstörung die wertvollen Einrichtungsgegenstände offenbar systematisch entfernt worden waren. All dies weist auf eine geplante Aktion.

Doch schon antike Beurteiler hatten Schwierigkeiten, diese als solche wirklich zu verstehen. Und wir können das nachvollziehen. Angemessene demonstrative Akte hatte es bereits gegeben, zuletzt nach der Schlacht von Gaugamela. Vor allem war längst deutlich geworden, daß Alexander sich nicht mehr primär als Führer eines griechischen Rachekrieges sah und darstellte, sondern als Herrscher im persischen Reich, mit Respekt vor den dortigen Herrschertraditionen, wie er zuletzt am Grab des Kyros bewiesen hatte. Dazu stand die Brandvernichtung im Widerspruch. Die demonstrative Bestrafung hatten die Bewohner der Persis nach Alexanders Einmarsch überdies bereits erfahren. So hat man nach weiteren rationalen Deutungen gesucht, die allerdings ebenfalls nicht befriedigen. Die archäologischen Beobachtungen andererseits lassen sich auch auf andere Weise erklären. Man wird deshalb kaum umhinkommen, die Version zur akzeptieren, die uns bei einigen Historikern überliefert ist, auch wenn sich diese mit manchen Idealisierungen und Rationalisierungen Alexanders nicht gut verträgt: Die Brandstiftung war eine Tat unter erheblichem Alkoholeinfluß, im Zuge eines der gängigen Symposien im makedonischen Führungszirkel, bei dem wie üblich große Mengen von Wein konsumiert worden waren, angeregt von der Mätresse eines der jungen Generäle, einer bekannten Hetäre aus Athen. Nachträglich mochte man sie dann als offiziellen Rachevollzug dargestellt haben. Aber mit Alexanders Herrschaftsvorstellungen hatte dies alles nichts zu tun.

7. Nachfolger des Gegners

Noch aber war der Krieg gegen Dareios nicht beendet. Alexander brach im Mai oder Juni 330 auf, in Richtung auf Ekbatana (Hamadan), die alte Hauptstadt des Medischen Reiches, in dessen unmittelbarer Tradition die Perser standen. Sie war immer auch Residenz der Großkönige geblieben, besonders in den heißen Sommermonaten. In dem schmalen Streifen zwischen dem Zagros-Gebirge und den östlich anschließenden Wüsten- und Steppenzonen stieß Alexander auf das medische Zentrum vor. Dareios freilich hatte sich weiter nach Osten geflüchtet. Er verließ sich ganz auf den Widerstand der ostiranischen Stämme, insbesondere der baktrischen und sogdischen Ritter. Womöglich setzte er auch darauf, Alexander werde sich nun mit dem Erreichten zufrieden geben und die weiten und entlegenen Gebiete Innerasiens meiden.

Das aber kam für Alexander gar nicht in Frage. Seine Maßnahmen in Ekbatana, das ohne Widerstand in seine Hand gekommen war, zeigen dies ganz unmißverständlich. Zunächst entließ Alexander offiziell die Truppen der griechischen Alliierten, verbunden mit dem Angebot, hinfort als Söldner unter ihm zu dienen. Nach der Einnahme der letzten Hauptstadt des Reiches war dieser Schlußpunkt unter den ‚griechischen' Perserkrieg nur natürlich. Was einst von Philipp als Maßnahme zur Akzeptanz, damit zur Stabilisierung und Legitimierung seiner Herrschaft über Griechenland geplant war, hatte längst andere Dimensionen angenommen. Alexander machte dies nun auch nach außen hin kenntlich. Er war auf solche Strategien nicht mehr angewiesen. Zugleich demonstrierte er aber, daß es weitergehen sollte und daß er auch auf ein längeres Unternehmen eingerichtet war. Er machte nämlich aus Ekbatana das Zentrum seiner rückwärtigen Verbindungen. Die Route zwischen Ekbatana und Ragai (nicht weit vom heutigen Teheran) war so etwas wie ein Scharnier des Reiches. Nur hier gab es eine Verbindung zwischen den westlichen Teilen mit den alten orientalischen Traditionen und den östlichen Gebieten, den sogenannten oberen Satrapien. Hierüber mußte und sollte auch der makedonische Nachschub laufen. Deshalb wurde dort Parmenion, der ranghöchste Mann nach dem König, zurückgelassen, dem die wichtige Aufgabe zufiel, gerade die Verbindung zwischen der Heimat und den bisher eroberten Gebieten einerseits und der kämpfenden Truppe andererseits aufrechtzuerhalten und zu sichern. Ganz offensichtlich plante Alexander Größeres.

Viel Zeit verwendete er nicht auf diese organisatorischen Aufgaben, denn er wollte nun den Großkönig, den er in nicht großer Entfernung wußte, unmittelbar verfolgen und rückte in Eilmärschen vor. Daraufhin wandte sich Dareios endgültig nach Osten, durch die Kaspischen Tore hindurch, den engsten Streifen der gerade erwähnten Route, zwischen dem Elburs-Gebirge und der persischen Salzwüste gelegen. Diese erneute Flucht vor dem Gegner untergrub sein Ansehen bei den noch verbliebenen Großen des Reiches endgültig. Schon die Mißerfolge in den beiden großen Entscheidungsschlachten von Issos und Gaugamela, die man nicht zuletzt auf sein persönliches Versagen zurückführen konnte, hatten sein Prestige beschädigt. Als Verteidiger und Beschützer von Land und Volk war er desavouiert. Ob auf ihm noch Ahuramazdas Segen ruhte, mußte mehr als fraglich sein. So reagierten jetzt die persischen Adligen der ostiranischen Stämme, an ihrer Spitze der Satrap Bessos, der die höchste Autorität hatte. Sie setzten den König gefangen. Bessos trat an seine Stelle und wurde von den Iranern anerkannt. Die Nachricht hiervon vergrößerte noch die Eile, mit der Alexander folgte. Als er die Fliehenden nahezu erreicht hatte, wurde der Großkönig von zweien aus dem Kreis der Satrapen niedergestochen, wohl aus Sorge, er könne Alexander die Herrschaft abtreten und damit dessen Stellung legitimieren, oder auch nur, um Alexanders Verfolgung zu stoppen und sich selbst in Sicherheit zu bringen (Juli 330): „Dareios aber starb wenig später an den Wunden, bevor Alexander ihn gesehen hatte“ (Arrian 3, 21, 10).

Zweifellos ist dies einer der dramatischsten Momente der Weltgeschichte. Der Sieger des großen Duells um die Herrschaft über Asien, ja über die ganze Welt, steht vor der Leiche seines toten Gegners. Der Sieg ist auf besondere Weise sinnfällig geworden. Aber es fehlt jedes Triumphgefühl. Vielmehr zeigt sich jetzt in völliger Eindeutigkeit, was sich vorher schon abgezeichnet hatte, aber immer noch ambivalent und spannungsreich gewesen war, und Alexander ließ dies auch in aller Klarheit manifest werden. Er war an die Stelle des Großkönigs getreten. Er gab sich als der legitime König des persischen Reiches. Die Linie, die sich vom Speerwurf am Hellespont über die Akklamation nach Gaugamela und die Thronbesteigung in Susa zog, die Linie vom Angreifer zum Inhaber der Herrschaft findet hier ihren Schlußpunkt. Alexander verfügte, daß der Leichnam seines Gegners mit allen Ehren an dem gebührenden Platz, der Grablege der Achaimeniden in Naqsh-i-Rustam, beigesetzt werden sollte. Was sowohl nach makedonischen wie nach persischen Vorstellungen von Herrschaft und Herschaftsübergabe das wesentliche Element legitimer Kontinuität war, die Bestattung des Vorgängers durch den Nachfolger, wurde hier demonstrativ vollzogen. Schon bald zeigte sich darüber hinaus, daß Alexander auch einer weiteren besonders wichtigen Aufgabe eines legitimen Erben genügte. Er rächte den Tod des Vorgängers, mit exemplarischer Härte.

Auch sonst, in praktischen Maßnahmen wie in zeremoniellen Gesten, bewies Alexander in der Folgezeit, daß er sich sehr konsequent nicht nur als makedonischer Heerkönig verstand, sondern auch als persischer Großkönig. Er setzte die Praxis fort, soweit möglich auf persisch-iranische Satrapen zurückzugreifen, und er zog sogar in zunehmendem Maße persische Große in seinen engsten Berater- und Mitarbeiterstab, darunter vor allem Oxyathres, den Bruder des Dareios, und den alten Satrapen Artabazos, der bis zuletzt loyal zum König gestanden hatte. Später wurden in zunehmendem Maße auch iranische Truppenkontingente in das Heer aufgenommen, ja sogar 30.000 junge Iraner in makedonischer Kampfesweise und Kriegführung ausgebildet.

Die Würde des Großkönigs kam aber vor allem im zeremoniellen Bereich zum Ausdruck. Alexander übernahm hier wichtige Elemente. Er trug – im offiziellen Habitus – teilweise den Ornat des Großkönigs, vor allem das Diadem, ein um die Kopfbedeckung geschlungenes Band, den Gürtel und den Chiton, ein leichtes Gewand in bestimmter Ausführung und mit bestimmten Funktionen. Ferner benutzte er auch den Siegelring des Dareios. Sowohl in der Tracht wie in der Gestaltung der Siegel gab es aber auch makedonische Züge. Alexander war nicht nur persischer Großkönig, aber eben auch nicht mehr ausschließlich makedonischer König.

Ein besonderes Problem stellte der direkte zeremonielle Umgang mit dem Herrscher dar. Der Großkönig war von der Tradition her dem Zugang durch die Untertanen entrückt. Wenn man sich ihm, im Zuge einer Audienz, näherte, hatte man die Proskynese zu verrichten. Wahrscheinlich war dies eine Art von Kniefall, der je nach Rang unterschiedlich tief auszufallen hatte, und an den sich ein Kuß auf Distanz, eine Kußhand, anschloß. Für die Perser war es selbstverständliche Anerkennung der königlichen Würde, mit dem Herrscher auf diesem Wege zu verkehren. Die Makedonen dagegen verstanden sich – bis in das Fußvolk hinein – als Freunde und Kameraden ihres Königs, dem sie sich jederzeit ohne größere Formalitäten nähern konnten und der mit den Angeseheneren unter ihnen eine zwar auch ritualisierte, aber doch eher zwanglose Kommunikation, z.B. beim Symposion, pflegte. Die Proskynese jedoch war nach makedonischer wie griechischer Vorstellung überhaupt nur im Umgang mit Göttern angemessen. Menschen gegenüber in die Knie zu gehen, war Sache von Sklaven. Und so hatten ja auch die Griechen das Verhältnis vom persischen Großkönig zu seinen Untertanen dargestellt und verstanden. Der einzig Freie bei den Barbaren war der Herrscher, alle anderen waren seine Sklaven. Und gerade als Symbol für diese Despotie galt die Proskynese. Von daher ist zu ermessen, was es für die Makedonen und Griechen bedeutete, als Alexander auch ihnen den Kniefall zumuten wollte. Was Alexander zu vereinigen trachtete, die Würde des makedonischen und des persischen Königs, prallte hier unversöhnlich aufeinander. So schonend Alexander auch die

Proskynese einzuführen versuchte – die Geste mißlang, und es war ausgerechnet der Hofberichterstatter Kallisthenes, der ihre Unangemessenheit im griechisch-makedonischen Horizont am deutlichsten zum Ausdruck brachte. Alexander verzichtete, aber Kallisthenes sollte seinen Unmut zu spüren bekommen.

Dies alles spielte sich jedoch erst später ab, und generell hat Alexander die hier beschriebene Identifizierung mit dem persischen Zeremoniell und Königshabitus allmählich vollzogen. Aber daß mit Dareios' Tod eine neue Situation zwischen Alexander und allen seinen Untertanen und Untergebenen eingetreten war, wurde sofort klar. Jeder konnte es schon daran erkennen, daß der Tod des Großkönigs nicht das Ende des Feldzuges bedeutete. Wir haben nicht die geringsten Indizien dafür, daß dies beim Gros der makedonischen Truppen auf grundsätzlichen Widerstand stieß, wie übrigens auch nicht die eben beschriebenen Veränderungen, mit Ausnahme der Proskynese. Das war, wenn man einmal die Ausgangsvoraussetzungen ansieht, nicht selbstverständlich. Daß der eigene Anführer plötzlich auch an die Stelle dessen rückte, gegen den man soeben noch gekämpft hatte, und daß er einem gerade deswegen noch mehr an Kämpfen und Strapazen zumutete, war alles andere als unproblematisch. Wenn sich dennoch kein Protest auch nur andeutete, ist das ein deutlicher Beweis dafür, in welch starkem Maße Alexander die Truppen an seine Person innerlich gebunden hatte. Er war nicht nur ihr Heerkönig und Anführer, sondern ihr Idol.

Etwas anders sah es gewiß bei den makedonischen Adligen in seiner Umgebung aus. Diese mußten die wachsende Umorientierung deutlicher spüren und als bedenklicher ansehen. Direkten Widerspruch scheint es nicht gegeben zu haben, aber wachsendes Unbehagen, das sich bei gegebenem Anlaß artikulieren konnte. Vor diesem Hintergrund muß man wohl die Philotas-Affäre verstehen. Philotas war der Sohn Parmenions, schon von seiner Herkunft und seinen persönlich-familiären Verbindungen her ein Mann von höchstem Prestige. Im makedonischen Heer bekleidete er eine diesem entsprechende

Position. Er war der Kommandeur des wichtigsten und ranghöchsten Truppenteils, der Hetairenreiterei. Im Gefecht pflegte Alexander diese selbst zu führen, aber nach ihm kam Philotas. Nachdem Parmenion in Ekbatana zurückgelassen worden war, konnte sein Sohn mit Fug und Recht als der zweite Mann nach dem König gelten. Im September 330, in der Provinz Drangiana (im südwestlichen Afghanistan) stehend, führte Alexander einen Urteilsspruch des versammelten makedonischen Heeres herbei: Philotas wurde zum Tode verurteilt und – womöglich nach vorangehender Folterung – hingerichtet, weil er an einer Verschwörung gegen die Person des Königs teilgenommen habe. Unmittelbar danach sandte Alexander Leute aus, die Parmenion ermordeten.

Die Hintergründe sind unklar, und schon unsere Quellen äußern sich widersprüchlich. Gerüchte von möglichen Verschwörungen kamen häufig auf. Eventuell hat Philotas eine Meldung über derartige Pläne nicht weitergegeben, weil er sie nicht ernst nahm. Er soll auch seiner Mätresse gegenüber damit renommiert haben, daß in Wahrheit er für die erfolgreichen Attacken in den Schlachten, und damit für die großen Siege, verantwortlich gewesen sei. All dies konnte eigentlich kein Grund für eine derartige Verurteilung sein. Die plausibelste Erklärung dürfte darin liegen, daß sich gerade in der Person des Philotas ein Unbehagen makedonischer Führungsschichten gegen die Politik Alexanders konzentrierte. Schon Parmenion trat immer wieder als vorsichtiger und zurückhaltender Mahner vor allzu weitem und raschem Ausgreifen auf. Mancher der makedonischen Adligen mochte angesichts der ‚iranischen' Ausrichtung Alexanders mit dieser eher konservativen Haltung liebäugeln. Viele waren mit Parmenion und seiner Familie eng verbunden. Ein Machtkampf hinter den Kulissen scheint sich mindestens abgezeichnet zu haben. Alexander reagierte diesen möglichen Aussichten gegenüber schnell, schonungslos und exemplarisch, wie wir das schon mehrfach beobachten konnten. Die wichtigsten Kontrahenten wurden beseitigt, und damit wurde anderen ein deutliches Signal gegeben. Dies sind lediglich Vermutungen. Aber gerade der feige Mord an dem alten Gefolgsmann des Vaters, der es trotz manchen Widerspruchs nie an Loyalität hatte fehlen lassen, beweist, daß es hier primär um einen eiskalten Akt der Machterhaltung ging.

So ist gerade die Philotas-Affäre für die Beurteilung Alexanders besonders signifikant. Ihr Verlauf zeigt aber auch, daß Alexander die makedonischen Truppen fest im Griff hatte, bis in die Spitzen hinein. Wer noch anders dachte, war eingeschüchtert, aber auch in den Führungskreisen herrschte wohl die unmittelbare Loyalität zum König vor. Zudem brachte Alexander immer mehr von seinen persönlichen Freunden in die führenden Positionen. Das Kommando über die Hetairenreiter wurde geteilt und ging an Hephaistion, den innigsten Partner, und an Kleitos, den Bruder von Alexanders Amme, der ihm in der Schlacht am Granikos das Leben gerettet hatte und ebenfalls sehr eng mit ihm verbunden war.

8. In Zentralasien

Mit der Charakterisierung von Alexanders Politik nach dem Ende des Dareios und von deren Wirkung auf seine makedonisch-griechische Umgebung sind wir den Ereignissen vorausgeeilt. Kehren wir zum Ausgangspunkt zurück. Nachdem er den Leichnam seines ehemaligen Gegners gefunden und dessen Mutter zur ehrenvollen Bestattung übergeben hatte, sicherte Alexander zunächst die Region in der Umgebung, das Gebiet südlich des Kaspischen Meeres, militärisch ab und setzte dann zum direkten Angriff auf Bessos an, der sich nach Baktrien geflüchtet hatte und jetzt als Großkönig unter dem Namen Artaxerxes agierte. Die Lage in den großen Provinzen südwestlich und südlich des Hindukusch, in denen einige der Verschwörer gegen Dareios als Satrapen fungierten, war allerdings so unsicher, daß Alexander diesen Plan zurückstellen und zunächst dort mit militärischer Präsenz die Zustände in seinem Sinne ordnen mußte. In den Satrapien Areia, Drangiana und Arachosien setzte er größtenteils neue Statthalter ein. Dabei kam Artabazos die wichtigste Rolle zu, und im Grundsatz blieb er bei dem Prinzip, möglichst Iraner mit der Aufgabe der Satrapen zu betrauen. Lediglich in Arachosien, dem Gebiet um das heutige Kandahar, setzte er den Makedonen Menon ein.

Wichtig und richtungsweisend für die folgende Zeit war auch die Gründung mehrerer Städte nach Alexanders Namen. Sie lagen an Stellen, die aus strategischen und wirtschaftlichen Gründen für den Großraum westlich und südlich des Hindukusch von zentraler Bedeutung waren: Alexandreia Areia (Herat) am mittleren Lauf des Flusses Herirud, Alexandreia in Arachosien (Kandahar) und Alexandreia am Kaukasus (so nannte man den ganzen Gebirgszug bis zum Hindukusch) nördlich von Kabul. Dort siedelte er im wesentlichen Veteranen und nicht mehr voll einsatzfähige Soldaten an, darunter vor allem griechische Söldner. Zugleich lebten dort auch Angehörige der indigenen Bevölkerung. Zweifellos ging es hierbei nicht nur und wohl nicht einmal primär um militärische Sicherung, sondern auch um die Erschließung großer und neuer Räume durch den Rückgriff auf städtische Zivilisation und Organisation. Makedonische Könige waren in ihrer Heimat schon seit Generationen ähnlich verfahren. Diese Städte hatten auf Grund ihrer Lage und ihrer ökonomischen Ressourcen gute Chancen, sich eigenständig zu entfalten und zugleich als stabilisierende Faktoren im Reich ihres Gründers zu dienen. So breitete sich der Typus der griechischen Polis weit im Osten aus.

Im Frühjahr 329, sobald es die Witterung zuließ, überquerte Alexander auf schwieriger Route die Pässe des Hindukusch-Gebirges. Hier kamen auf die Truppen besondere Strapazen zu, Kälte und Hunger, Märsche durch dichte Schneemassen. Bessos hatte sich zurückgezogen, und so kam die Provinz Baktrien mit der Hauptstadt Baktra (Balch), das große Siedlungsgebiet zwischen Hindukusch und Wüste, im Norden begrenzt durch den Strom Oxos (Amudarja), ohne Widerstand in die Hand der Makedonen (Juni 329). Innerhalb rund eines Jahres, seit dem Aufbruch aus Persepolis, hatten sie etwa 5.000 km zurückgelegt.

Das angrenzende Sogdien, westlich der über 7.000 m hohen zentralasiatischen Gebirgszüge um den Pamir, das „Dach der Welt", gelegen und von den dort entspringenden mächtigen Flüssen bewässert, war ein ausgesprochenes Rand- und Grenzgebiet. Hier verlor sich das für Ackerbau und Viehzucht geeignete Gebiet in der Wüste. Und hier schützte das persische Reich die Bauern vor den Angriffen der Reiternomaden aus den Wüsten- und Steppengebieten, der skythischen und massagetischen Stämme. Diese waren mit den iranischen Gruppen verwandt und unterhielten manche Beziehungen zu ihnen. In der Lebensweise jedoch waren sie strikt von ihnen geschieden, und sie bildeten mit ihren häufigen Raubzügen eine ständige Gefahr. Die ansässige Bevölkerung wurde dominiert von einer kriegerisch-ritterlichen Adelsschicht, die im persischen Aufgebot eine besondere Rolle spielte und in den Städten, Burgen und Herrensitzen von Baktrien und Sogdien ihre Zentren hatte. Von ihr vor allem war Bessos zunächst getragen. Doch als er sich außerstande zeigte, die mittlerweile über den Oxos anrückenden Makedonen abzuwehren, wurde er im Stich gelassen und geriet in Alexanders Hand: Im Halseisen und nackt mußte er dessen Heer an sich vorbeiziehen lassen. Dann wurde er ausgepeitscht. Später ließ ihm Alexander noch Nase und Ohren abschneiden und ihn zur Aburteilung durch eine Versammlung persisch-iranischer Adliger nach Ekbatana schaffen. Die Rache am Verschwörer gegen Dareios war erfüllt. Aber entsprechend dem in Makedonien üblichen Brauch hatte eine Versammlung formell zu entscheiden. So war Alexander hier einerseits persischer Großkönig, zeigte aber zugleich auch mit deutlichen Gesten, daß er die persische Elite nicht anders zu behandeln gedachte als seine makedonischen Gefolgsleute. Er räumte ihr in dieser zentralen Frage formelle Mitsprache ein und stärkte damit ihre alten feudalen Traditionen.

Sogdien wurde ohne größeren Widerstand in Besitz genommen. Marakanda (Samarkand), die Provinzhauptstadt, kam in Alexanders Hand, und schließlich erreichten die Makedonen den Iaxartes (Syrdarja), der die Grenze zwischen

Kulturland und Wüstensteppe deutlich markierte. Hier war man gerade nach griechischen Vorstellungen eigentlich auch am Ende der Welt, denn hinter der Wüste und einigen Gebirgen kam nur noch der Okeanos, das die bewohnte Erde, die *Oikumene*, umgebende Meer. Demonstrativ markierte Alexander diesen Punkt, indem er die Stadt Alexandreia Eschate (das „äußerste" Alexandreia) gründete, am Lauf des Iaxartes, dort wo sich das Becken von Fergana nach Westen zur Wüstensteppe hin öffnet (Chodschent). Da man zunächst den Iaxartes mit dem Tanais (Don) identifizierte, sah man wohl auch die Möglichkeit, von hier in die bekannte Welt, nämlich in die Maiotis und den Pontos (Asowsches und Schwarzes Meer) zu gelangen. Aber Alexander zog es nach Indien.

Daran wurde er aber zunächst gehindert. Die relativ leichte Eroberung von Baktrien und Sogdien war trügerisch. Schon bald lehnte sich die Bevölkerung, besonders die baktrisch-sogdische Reiterelite, gegen die neue Herrschaft auf. Ihr wichtigster Anführer war Spitamenes, einer aus ihren Reihen. Die daraus resultierenden Kämpfe waren die schwierigsten, mit denen Alexander bisher konfrontiert war. Der Gegner war nicht recht zu packen. Einerseits gab es im Lande selbst, in den zahlreichen Bergen und festen Plätzen, eine Fülle von Widerstandszentren. Andererseits operierte Spitamenes mit einer Kerntruppe höchst mobil, unterstützt von den Reiternomaden jenseits des Kulturlandes. Immer wieder entzog er sich dem makedonischen Zugriff, nicht selten in die Wüste. Nie gab es eine Gelegenheit zu einer größeren Feldschlacht. So zog sich der Krieg, eine Art von Guerillakrieg, über rund zwei Jahre hinweg.

Auf die Kampfweise des Gegners reagierte Alexander auf zweierlei Weise. Er teilte sein Heer in mehrere völlig selbständig operierende Einheiten, unter der Führung seiner kampferprobten und zuverlässigen Generäle. Der Kampf der verbundenen Waffen war nun auch in kleinerem Rahmen möglich. So konnte er auf die Mobilität des Gegners flexibel reagieren und diesen zunehmend in die Defensive drängen. Darüberhinaus wandte er sich nacheinander konsequent gegen die verschiedenen Widerstandsnester. Dabei ging er durchaus demonstrativ vor, indem er auch solche Felsenburgen eroberte, die als uneinnehmbar galten. Die Reiternomaden griff er auch jenseits des Iaxartes an, um ihnen – nicht anders als ihren westlichen Verwandten an der unteren Donau – klarzumachen, daß sie vor ihm nicht wirklich sicher waren.

Gewinnen mußte er den Krieg aber vor allem politisch. Dabei zeigte sich einmal mehr die schon beobachtete Dialektik im Verhalten. Bestimmte Gegner wurden mit größter Härte bekämpft und gnadenlos vernichtet, anderen, die von vornherein oder nach entsprechenden Angeboten zum Arrangement und zur Loyalität bereit waren, begegnete der König mit Freundschaft. Anfang 327 wurde Spitamenes von seinen massagetischen Verbündeten getötet, sein Haupt an Alexander geschickt, wenig später wurden die letzten Felsenburgen erobert. Entscheidend war jedoch eine große Geste der Verbundenheit und Anerkennung: Alexander schloß eine Ehe mit Roxane, der Tochter des Oxyartes, eines der vornehmsten sogdischen Herren. Dieser selbst wurde in den engsten Mitarbeiterkreis aufgenommen, einer seiner Söhne in die Königsschwadron eingegliedert, die vornehmste Einheit der Hetairenreiterei. Das war ein ganz wesentlicher Schritt zur Integration gerade der iranischen Ritterelite. Er ist der Höhepunkt einer Entwicklung, von der bereits die Rede war und die auch dazu geführt hatte, daß schon während des Aufstandes etliche baktrisch-sogdische Krieger in das Heer Alexanders aufgenommen worden waren. Immer deutlicher wurde, daß Alexanders Reich vornehmlich auf zwei Säulen ruhen sollte, den makedonischen und den iranischen Adligen und Kämpfern, und daß der König im zeremoniellen Umgang mit ihnen persische Elemente übernahm, zugleich aber auch Charakteristika der makedonischen Gefolgschaft auf die persisch-iranischen Untertanen übertrug.

Von dem Problem, das diese neue Rolle und dieses neue Verfahren gerade für die makedonische Elite bedeutete, war schon im Zusammenhang mit der Philotas-Affäre die Rede.

Aber zu einer grundsätzlichen Belastung wuchs sich das nicht aus. Zwei kritische Ereignisse in diesem Zeitraum, der Tod des Kleitos und die Pagenverschwörung, verdeutlichen das: Während eines Symposions in Marakanda (Sommer 328) kam es zu einer leidenschaftlichen Auseinandersetzung zwischen Alexander und seinem geradezu brüderlichen Freund Kleitos. Dieser äußerte in schon stark alkoholisiertem Zustand einiges Unbehagen gegenüber Alexanders neuen Allüren. Der König, nicht weniger betrunken als sein Kontrahent, reagierte scharf. Der Streit eskalierte, bis schließlich Alexander zur Lanze eines Gardisten griff und Kleitos durchbohrte. Wieder im vollen Besitz seiner geistigen Kräfte bereute Alexander die Tat zutiefst. Auch wenn Kleitos hier einigen Unmut geäußert hatte, den auch andere teilen mochten, war es nicht um Grundsätzliches gegangen, um einen prinzipiellen Gegensatz zwischen Makedonischem und Persischem, sondern um die persönliche Ehre. Der extreme Ausgang war außerdem nur auf Grund der verminderten Zurechnungsfähigkeit auf beiden Seiten möglich.

Nach der Niederschlagung des sogdischen Aufstandes kam es zu einer recht dilettantischen Verschwörung unter einigen der Königspagen, die sich durch den König entehrt fühlten. Diese wurde rasch aufgedeckt und niedergeschlagen. Alexander nutzte aber die Angelegenheit, um gegen Kallisthenes vorzugehen, ganz offenkundig, um sich für dessen Widerstand gegen die Proskynese zu rächen. Der Historiker, der zugleich als Erzieher der Pagen fungiert hatte und den man für die Umtriebe in deren Reihen verantwortlich machen konnte, wurde in Haft genommen und schließlich getötet. Das war eine kaltblütig geplante Aktion immerhin gegen einen einstigen Verherrlicher. Sie mochte demonstrieren, was dem geschah, der sich gegen die Ehre und Würde des Königs verging. Diese war das Primäre. Ohne Rücksicht auf ehemalige Nähe und Loyalität wurde sie gewahrt – im Affekt wie mit Verstand. Truppe und Elite insgesamt blieben unerschütterlich loyal. Ihnen konnte wirklich einiges zugemutet werden.

9. Zu den Enden der Welt

Die Eroberung der iranischen Gebiete in Zentralasien hatte gezeigt, daß der neue Herrscher im Reiche der Perser willens und imstande war, diese seine Herrschaft mit allen Mitteln, mit Brutalität und Großzügigkeit, durchzusetzen. Schon die demonstrative Gründung eines „äußersten" Alexandreia hatte darüberhinaus deutlich werden lassen, daß er die Vorstellung vom Weltreich ganz genau nahm. Die Herrschaft über die Oikumene, die bewohnte Welt, war damit in dieser Region gleichsam markiert worden. Von derselben Logik her wandte sich Alexander jetzt nach Indien. Dieses hatte zeitweilig – wenn auch eher lose – zum Persischen Reich gehört. Man verstand darunter freilich kaum mehr als die westlichen Gebiete um den Indus und seine Nebenflüsse, also den sogenannten Punjab (nördliches Pakistan). Auch in Griechenland war Indien, nicht zuletzt durch Herodot, bekannt, aber nur sehr vage und als ganz sagenhaftes Land. Es verband sich aber mit ihm die Vorstellung vom Ende der bewohnten Welt. Geläufig war auch die Theorie von der Identität des Indus und des Nil. Es schien also möglich zu sein, durch eine Fahrt den Indus abwärts nach Ägypten zu gelangen und damit in die Nähe des Ausgangspunktes des Feldzuges.

Vor dem Hintergrund dieser Vorstellungen ist Alexanders Indienzug zu beurteilen. Selbstverständlich mußte der neue Herrscher gleichsam sein Reich inspizieren und in Besitz nehmen. Als Nachfolger der Achaimeniden konnte er sich auch gegenüber den indischen Gebieten so verhalten. Aber dafür wäre die Entgegennahme der Huldigung etlicher Stammesfürsten, die teils spontan, teils auf Alexanders Aufforderung hin erfolgte (Sommer 327), an sich hinreichend gewesen. Wenn Alexander jetzt zu einem weiteren Heereszug ansetzte, dann ging es vor allem darum, die Enden der Oikumene, die nun so nahe waren, konkret zu erreichen, die Herrschaft ganz real an die Grenzen der bewohnten Welt zu tragen, einziger Herrscher zu sein. Auch der Reichtum an Sagen und Mythen in diesem legendären Land mochte den an den Taten der Helden orientierten König zusätzlich locken.

Der Feldzug wurde politisch und strategisch nach allen Regeln der Kunst vorbereitet. Alexander forderte die Radjas zu Gesten der Huldigung auf und setzte zugleich, für den Fall des Widerstandes, auf politische Konflikte zwischen diesen. So schloß sich ihm von vornherein Taxiles an, Herr von Taxila (unweit von Rawalpindi), einer der bedeutendsten Fürsten im westlichen Punjab. Zugleich gliederte Alexander die nachgeführten Truppen seinem Heer ein und griff auch in nicht unbeträchtlichem Umfang auf ostiranische Krieger zurück. In zwei Heersäulen sollte der Marsch nach Indien erfolgen. Über den Khaibar-Paß sollte ein Teil der Truppen mit dem Troß auf der Hauptroute zum Indus vorstoßen und den Flußübergang vorbereiten, dabei durch gütliche Einigung oder durch Unterdrückung die Anerkennung der makedonischen Herrschaft durchsetzen. Alexander selbst wählte einen Weg weiter im Norden, im Gebiet von Nurestan und Swat.

Im Sommer 327 brach man von Alexandreia am Kaukasus auf. Hephaistion und Perdikkas, die Kommandeure der südlichen Heeresgruppen, fanden relativ wenig Widerstand und bauten am vorgesehenen Übergang über den Indus eine Brükke. Alexander dagegen kämpfte sich in insgesamt rund sechs Monaten durch das Bergland. Die Bevölkerung hatte sich durchweg in ihre Fluchtburgen zurückgezogen. Wo Eroberungen nötig waren, verfuhr Alexander mit äußerster Unnachsichtigkeit, indem er zahlreiche Einwohner und Verteidiger massakrieren ließ. Offenkundig ging er über das hinaus, was militärisch geboten und sinnvoll war. Besonders reizte ihn die Eroberung eines großen natürlichen Bollwerks, in das sich etliche der Bewohner geflüchtet hatten. Schwerlich gab es ein militärisches Bedürfnis, diesen Felsen von Aornos einzunehmen, denn die eingeschüchterte Bevölkerung hätte den makedonischen Vormarsch schwerlich behindert, der Weitermarsch über den Indus war sichergestellt. Aber es ging die Rede um, nicht einmal Herakles hätte diesen Felsen erobern können. Und genau das rief Alexanders Sehnsucht, seinen *pothos*, wach. Er konnte auf die Eroberung des uneinnehmbaren Platzes – so überflüssig sie militärisch war – nicht mehr verzichten. Unmittelbar wollte er sich am mythischen Helden, an seinem berühmten Vorfahren, ebenfalls Sohn des Zeus, messen.

Überhaupt hatte dieser Teil des Feldzuges einen legendären Charakter. Das rätselhafte und mythenreiche Land, weit hinter allem gelegen, was auch nur einigermaßen bekannt war, gegen das Ende der Welt hin, mochte dies gefördert haben. Schon ziemlich zu Beginn war man an den Ort Nysa gelangt, in dessen Nähe sehr viel Efeu wuchs. Es war wohl zunächst die Namensähnlichkeit, die die Makedonen dazu brachte, an Dionysos zu denken, diesen in vieler Hinsicht fremden Gott des Weins, der gerade in Makedonien hohe Verehrung genoß. Nysa war der Name seiner Amme, und Efeu war ihm heilig. Wahrscheinlich nutzten die Einwohner des Ortes diese Assoziationen, um Alexander zu versichern, ihre Stadt sei eine Gründung des Gottes selbst, zu Ehren seiner Ziehmutter, und um ihn auch sonst auf kultisch bedeutsame Plätze in ihrer Nähe aufmerksam zu machen. Wieder ist in unseren Quellen von der Sehnsucht Alexanders die Rede. Sie führte ihn an diese Orte, wo er Kulthandlungen zu Ehren des Dionysos vollzog. Eine besondere Affinität zu diesem Gott wird in der Folgezeit immer deutlicher hervortreten.

Im Frühjahr 326 überschritt Alexander mit seinem gesamten Heer den Indus. Taxiles bewies ihm völlige Loyalität und übergab ihm seine Hauptstadt Taxila. Er war, wie andere Radjas auch, ein Vasallenfürst geworden. Widerstand freilich war wenig später zu erwarten, denn der mächtigste östliche Nachbar des Taxiles, König Poros, verweigerte die Huldigung. Er hatte sich mit seinem gesamten Aufgebot östlich des nächsten großen Stromes, des Hydaspes (Jhelum), aufgestellt. Hier kam es zur letzten großen Schlacht des Alexanderzuges (Juni 326). Alexander sah sich vor zwei extrem schwierige Aufgaben gestellt. Er mußte einen breiten Strom im Angesicht eines hochgerüsteten Gegners überqueren und sich mit einer großen Phalanx wohldressierter indischer Kriegselefanten auseinandersetzen. Dies gelang mit einer Kriegslist und dank der üblichen Wendigkeit und Effizienz der Hetairenreiterei. Nachdem er lediglich einen Teil des Heeres gegenüber dem Aufgebot des Poros zurückgelassen hatte, passierte Alexander im Schutz der Dunkelheit gut 20 km weiter aufwärts den Fluß und wandte sich dann, nach Vorhutgefechten, gegen Poros selbst, der seine Formation in zwei Linien aufgestellt hatte. Vorn stand die Elefantenphalanx, und zwar so, daß die dahinter angeordneten, von Reitern und Streitwagen flankierten Fußtruppen in die Lücke zwischen den Tieren vorstoßen konnten. Alexander attackierte mit dem größten Teil der Kavallerie den linken Flügel von Poros' Schlachtreihe. Als sich dort das Geschehen massierte, kam eine kleinere makedonische Reiterabteilung unter Koinos vom anderen Flügel her dem Gegner zum Teil in den Rücken, während nun die makedonischen Hypaspisten, die hinter ihrer Kavallerie aufgezogen waren, den Gegner frontal angriffen. Diesen fügten die Elefanten noch schwere Verluste zu, aber durch die zunehmende Einkesselung gerieten die Tiere immer mehr in Verwirrung, so daß sie zuletzt außer Kontrolle gerieten und auch eigene Leute niedertrampelten. Schließlich setzte der andere Teil des Heeres unter Krateros, nunmehr ungehindert, über den Fluß. Die Niederlage der Inder war besiegelt, die Schlacht endete in einem blutigen Gemetzel.

Zwei Söhne des Poros waren gefallen, dieser selbst war, bis zuletzt auf seinem Elefanten kämpfend und verwundet, gefangengenommen worden. Alexander begrüßte ihn in freundschaftlichster Weise und bestätigte ihn in seinem Rang. Er blieb der Radja seines Reiches, sogar mit einer gegenüber den Nachbarfürsten dominanten Position, aber nurmehr, wie Taxiles und andere, als Vasall des Königs von Asien. Alexander war offensichtlich klar, daß man hier im fernen Indien anders verfahren mußte als etwa gegenüber Tyros und Gaza. Gnadenlose Strafaktionen schienen unangebracht. Eine Herrschaft hatte sich hier auf die Radjas und deren traditionelle Position zu stützen, mochten diese sich friedlich unterworfen haben oder im Gefecht bezwungen worden sein. Dies war aber im Grundsatz mit Alexanders bisherigem Verfahren völlig vereinbar. Denn auch sonst hatte er, wie wir mehrfach gesehen haben, die gegebenen Verhältnisse pragmatisch aufrechterhalten, soweit es für ihn sinnvoll und möglich war, hatte er eine Herrschaft begründet, die die gewachsenen und überlieferten Strukturen respektierte, wenn sie sich über diesen aufbauen ließ.

An der Stelle der Schlacht gründete Alexander eine neue Stadt, Nikaia („Siegesstadt"), ihr gegenüber am westlichen Ufer eine weitere, die er nach seinem Lieblingspferd Bukephalos nannte (Bukephala), das dort an Altersschwäche gestorben war. Zugleich ließ er, für die geplante Fahrt den Indus abwärts, eine große Flotte bauen. Er selbst wandte sich mit dem größten Teil des Heeres nach Osten, dem Rand des Punjab entgegen, zum Ende der Welt.

Dieses freilich rückte in immer größere Ferne, je näher man ihm kam. Je mehr Kenntnisse man sammelte und erhielt, desto deutlicher wurde, daß vieles anders war, als man dachte, und daß es bis zu den Grenzen der Oikumene womöglich noch viel weiter war, als man sich vorgestellt hatte. Zunächst der Indus: Informationen gingen ein, daß dieser gar nicht der Oberlauf des Nils sei, sondern in ein riesiges Meer fließe, offensichtlich den Okeanos. Gleichwohl wäre man dann jedenfalls am Rande der bewohnten Welt. Aber was lag weiter im Osten, wie weit reichte Indien? Dem an Strapazen gewöhnten Heer standen auf diesem Weg die schlimmsten Strecken bevor. Wie üblich, aber den Makedonen unbekannt, hatten im Sommer die Monsunregen eingesetzt, die große Teile des Punjab in eine Wasser- und Morastwüste verwandelten, in der sich Giftschlangen tummelten. Die tropischen Regenfälle und Gewitter behinderten den Vormarsch zusätzlich, und nicht zuletzt war auch dem Widerstand der Einheimischen zu begegnen, die sich nicht ohne weiteres der Dominanz des über sie gesetzten Poros beugen wollten. Als das Heer schließlich nach 70 Tagen härtesten Marschierens am Ostrand des Punjab, am Fluß Hyphasis (Beas), angelangt war, etwas östlich des heutigen Amritsar, war es total erschöpft.

Mittlerweile aber hatten sich die Informationen aus dem Osten weiter verdichtet. Von einem gigantischen Fluß erfuhr man, durch den man in den Okeanos gelangen konnte (es handelt sich um den Ganges). Die Menschen, die dort lebten, seien tüchtige Ackerbauern und hätte eine gute und gerechte politische Ordnung. Sie seien aber auch höchst kriegerisch und besäßen Unmengen von Elefanten, noch größere und im Kampf fähigere als die bisher bekannten. Dies war nun für Alexanders spezifische Sehnsucht genau das angemessene Ziel. Der ohnehin geplante Zug ans Ende der Welt verband sich mit einer dem Heroen angemessenen Herausforderung. Deshalb wollte er den Marsch fortsetzen. Aber nun, zum ersten Mal, verweigerten die Truppen den Befehl. Koinos, einer der höchstrangigen und kompetentesten Generäle, artikulierte mit einfachen, aber gerade deshalb höchst eindrucksvollen Worten deren Empfindungen. Alexander war aufs tiefste getroffen. Er fühlte sich im entscheidenden Moment im Stich gelassen. Drei Tage lang zog er sich zurück und mied jeden Kontakt mit Soldaten und Offizieren. Schließlich verkündete er seinen Entschluß zur Umkehr, unter großem Jubel. Es kann gut sein, daß letztlich auch die Einsicht in die Schwierigkeit, das ganz anders geartete Land der indischen Stämme und Völker in das Reich wirklich zu integrieren, Alexanders Entscheidung mitbedingt hat. Doch selbst wenn das so war, in seinem Innersten dürfte er die Verweigerung für die abrupte Beendigung seines Traums verantwortlich gemacht haben. Würde er das je vergessen können?

Immerhin wurde nun das Ende des Unternehmens in dieser Region auch als solches markiert, kultisch und rituell. In üblicher Weise opferte man, im Zusammenhang mit sportlichen Wettkämpfen, den Göttern. Dazu errichtete Alexander zwölf riesige Altäre, größer als Türme, „als Dank an die Götter, die ihn siegreich so weit geführt hätten, und als Monumente seiner Mühen“ (Arrian 5, 29, 1). Dann zog er nach Nikaia und Bukephala, also an den Hydaspes zurück. Als sein Vasallenkönig, aber über alle anderen Fürsten und Stämme gesetzt, regierte nun Poros über das gesamte Gebiet zwischen Hydaspes und Hyphasis.

Am Hydaspes wurde der Bau der Flotte für die Indusfahrt, der bereits weit fortgeschritten war, vollendet. Sie bestand aus 80 kleineren und wendigen Kriegsschiffen, dazu kamen Transportschiffe verschiedenster Funktion. Insgesamt soll es sich um rund 2.000 Einheiten gehandelt haben. Das Kommando erhielt der Kreter Nearchos, ein enger Jugendfreund Alexanders, der zunächst als Gouverneur in Lykien zurückgelassen, aber schon einige Zeit zuvor zum Heer beordert worden war. Die Flotte sollte nach Süden fahren, beiderseits begleitet von Kampftruppen zu Lande. Im November 326 begann das Unternehmen. Den Hydaspes hinab ging es in den Akesines (Chenab) und von dort in den Indus. Schweren Widerstand fand man vor allem an der Ostseite, bei den Stämmen der Maller und der Oxydraken. Bei der Einnahme einer mallischen Stadt wurde Alexander nach stürmischem Angriff zunächst von seinen Mitkämpfern abgeschnitten und durch einen Pfeilschuß (wohl in die Lunge) schwer verwundet. Schließlich unterwarfen sich die Stämme. Sie wurden aber nicht dem ihnen verhaßten Poros unterstellt, sondern dem makedonischen Satrapen Philipp, der die Provinz westlich des Indus bis ins Kabultal verwaltete.

Nahe der Mündung des Akesines in den Indus, an einer für die Verkehrsverbindungen zwischen dem südlichen Pakistan und dem Punjab zentralen Ort, gründete der König ein weiteres Alexandreia, primär als Zentrum für die Flußschiffahrt, nicht nur in militärischer Absicht, sondern – ähnlich Alexandreia in Ägypten – auch und vor allem für den Handel.

Die Eroberung des Landes Sindh, entlang des Unterlaufes des Indus, begann im Frühjahr 325. Sie brachte erneut schwere Kämpfe, teilweise nach vorangegangener freiwilliger Unterwerfung. Um so härter fielen die Strafexpeditionen aus. Die neue Satrapie am unteren Indus wurde dem Peithon unterstellt. Etwa Ende Juni 325 erreichten die Makedonen den Beginn der großen Deltalandschaft des Indus, bei Pattala

(Haidarabad). Jetzt teilte Alexander das Heer. Eine nicht unerhebliche Anzahl älterer und nicht mehr recht kampffähiger Soldaten schickte er unter Krateros auf dem Weg über Arachosien ins Zentrum des Reiches zurück. Er selbst wollte mit der Flotte und dem anderen Teil des Heeres, darunter auch dessen nicht unbeträchtlichem Troß, entlang der Küste zurückmarschieren. Zuvor aber mußte er wenigstens an dieser Stelle zum definitiven Ende der bewohnten Welt, an den Okeanos, vorstoßen. In Fahrten durch zwei verschiedene Mündungsarme des Indus erreichte er schließlich sein Ziel. Auf ganz besondere Weise wurde dieser Endpunkt auch rituell markiert, nicht anders als der Anfang und andere wichtige Plätze und Ereignisse. Am Rande des Okeanos, der die Makedonen und Griechen durch seine Gezeiten erstaunte und erschreckte, verrichtete Alexander die Opfer, die ihm das Orakel des Zeus Ammon in Siwa aufgetragen hatte. Und schließlich – gleichsam um sicher zu sein, daß auch wirklich der Okeanos erreicht war – fuhr er so weit aufs offene Meer hinaus, bis kein Land mehr sichtbar war. Dort opferte er dem Poseidon Stiere und goldene Geräte, d.h. er versenkte sie im Meer. Es ist gut denkbar, daß hiermit an den Beginn des Zuges, an die Opfer im Hellespont, erinnert werden sollte, daß also Anfang und Ende zusammengespannt wurden.

10. Der katastrophale Rückzug

Daß der Alexanderzug auch mit geographischer Exploration verbunden war, ist schon mehrfach deutlich geworden. Von daher ist es einleuchtend genug, wenn im Zusammenhang mit dem Rückzug des Heeres vom Ende der Welt ins Zentrum des Reiches auch eine neue Route erkundet wurde. Diese Erforschung war unter dem Gesichtspunkt der reichsweiten Kommunikation sogar besonders wichtig. Schon der Großkönig Dareios I. hatte um 500 den karischen Seefahrer Skylax zur Erkundung des Seeweges zwischen dem Persischen Golf und Indien ausgeschickt. Auf Grund von dessen Berichten war die Möglichkeit der Seeverbindung klar und auch den frühen griechischen Geographen bekannt geworden. Später hatte sich die Theorie von der Identität von Indus und Nil als gängige Auffassung durchgesetzt, vor allem dank der Autorität des Aristoteles. So dachte, wie wir sahen, zunächst auch Alexander, der es nun aber endgültig besser wußte. Gerade deshalb war die präzise Erkundung der Seeverbindung um so nötiger. Da es durch völlig unbekanntes Gebiet ging, konnte diese nicht nur in Gestalt einer Flottenexpedition erfolgen. Vielmehr mußten die Schiffe auch vom Land her begleitet und versorgt werden. Dies entsprach den Usancen der griechischen Schiffahrt, die wesentlich Küstenschiffahrt war. Daß Alexander also die Flotte nach Westen schicken und sie selbst zu Lande mit einem Heer geleiten wollte, entspringt rationalen und gut nachvollziehbaren Erwägungen. Aber schwerlich wären allein zu diesem Zweck die großen Truppenmassen nötig gewesen, die Alexander schließlich mit sich führte: Neben den Soldaten auf den Schiffen hatte er allein zu Lande rund 60.000 Leute, einschließlich der Versorgungseinheiten.

Es ging Alexander wahrscheinlich vor allem um eine weitere große Herausforderung. Das Gebiet, das das Landheer zu durchqueren hatte, war dominiert von der Gedrosischen Wüste (Wüste von Makran), einer der unwirtlichsten und undurchdringlichsten Einöden der Erde. Sie mit einer größeren Masse an Menschen, etwa mit einem großen Truppenaufgebot, zu durchqueren, galt als völlig ausgeschlossen. Das war bekannt. Man erzählte sich sogar, daß zwei der ruhmvollsten und gerade in Griechenland von phantastischen Legenden umwobenen Herrschergestalten des Orients, die babylonische Königin Semiramis und der persische Reichsgründer Kyros der Große, mit einem entsprechenden Unternehmen gescheitert seien. Nur mit Mühe hätten sie ihr eigenes Leben gerettet.

Eine solche Herausforderung muß für Alexander geradezu erst ein Ansporn gewesen sein. So riskierte er die Existenz seiner eigenen Truppe, zehntausende von Menschenleben, um sich einmal mehr mit den Großen der Vergangenheit zu messen. Manche Gelehrte sehen in diesem Zug sogar einen Racheakt des Königs. Das Leben der Leute, die ihn am Hyphasis im Stich gelassen hatten, habe Alexander bewußt aufs Spiel gesetzt. Das geht wohl zu weit, aber ein bloßes Mißgeschick auf Grund ungenauer Kenntnis und logistischer Fehlplanung war der Todesmarsch nicht, gerade weil man um die extremen Schwierigkeiten, ja Unmöglichkeiten wußte und weil ein reines Erkundungsunternehmen – wie die Fahrt des Skylax gezeigt hatte – in wesentlich geringeren Dimensionen ablaufen konnte.

Im September 325 brach Alexander mit dem Heer auf. Er kam gut voran und konnte zunächst die geplanten Versorgungsstationen für die Flotte errichten, die erst rund zwei Monate später, mit Beginn der Nordostwinde, also dem Umschlagen des Monsuns, in See stechen konnte. Bald aber mußte sich das Heer von der Küste entfernen und die Einöde auf den einzig möglichen, von der Natur vorgezeichneten Wegen durchqueren. Alle Gefahren der Wüste wurden spürbar. Im Treibsand der Dünen kam das Heer nur mühsam vorwärts und irrte teilweise hilflos umher. Plötzliche Regenfälle verwandelten ein Wadi in ein tosendes Gewässer, das viele in den Tod riß. Vor allem aber reichten die Wasservorräte für die Masse nicht aus, so daß Menschen und Tiere verdursteten. Längst war an die Versorgung der Flotte nicht mehr zu denken. Es ging ums nackte Überleben. Als Alexander nach rund sechzig Tagen in das fruchtbare Land von Pura (Bampar), der Hauptstadt von Gedrosien, gelangte, war nur noch ein Viertel seines militärischen Aufgebots, rund 15.000 Mann, am Leben. Von der Flotte hatte man keine Kunde. Gut denkbar, ja wahrscheinlich war, daß auch sie auf Grund des Versagens des logistischen Konzeptes in eine katastrophale Situation hineingeraten war. Aber Semiramis und Kyros waren übertroffen.

Auch der Rückzug wurde rituell überhöht, durch eine besonders markante Inszenierung, die die katastophalen Umstände überdecken sollte. Nach dem Zusammentreffen mit dem Heer des Krateros im Osten der Satrapie Karmanien (etwa Dezember 325) organisierte Alexander den Marsch wie eine dionysische Prozession. Wie der Gott Dionysos selbst, der dem Mythos nach auch aus der barbarischen Fremde in Griechenland Einzug gehalten hatte, zog Alexander mit seinen Gefährten und Soldaten im Schwarm in die zivilisierte Welt zurück. Vorne fuhr der König auf einem von acht Pferden gezogenen Wagen, auf dem sich ein großer Altar befand. Zu Ehren des Dionysos trank er dort mit seinen engsten Gefährten während der sieben Tage und Nächte dauernden Fahrt Wein, im Stil eines lang anhaltenden und mobilen Symposions. Weitere prächtig geschmückte Wagen mit Gruppen von Trinkenden und Feiernden folgten – ein gigantischer dionysischer Festumzug. Ob sich Alexander nun auch selbst mit dem Gott identifizierte, der ja ebenfalls ein Sohn des Zeus war, sei dahingestellt. Auf jeden Fall wurde der Eindruck erweckt, ein neuer Dionysos käme aus Indien heran. Die Inszenierung herrscherlicher Macht und Pracht gerade mit Bezug auf Dionysos sollte Schule machen, wie die Geschichte des Hellenismus lehrt.

Währenddessen hatten die Flottensoldaten unter Nearchos die größten Schwierigkeiten bereits überwunden. Unter einigen Mühen war es gelungen, die Versorgung sicherzustellen. Deutlich wurde aber, daß die Strecke für einen regulären Seeverkehr denkbar ungeeignet war. Sich nach Art der den Griechen bekannten Schiffahrt von Hafenplatz zu Hafenplatz die Küste entlang fortzubewegen, war hier schlichtweg unmöglich. Immerhin brachte die Fahrt erste nähere Nachrichten über die arabische Halbinsel. Daß diese an einer Stelle mit einem markanten Vorgebirge direkt an die Küsten Persiens heranrückte (Straße von Ormus), war eine wichtige Erkenntnis, die für die Zukunft eine Rolle spielen sollte. Als die Flotte in der Bucht von Harmozia (Ormus) angekommen war, kam auch eine Verbindung mit Alexander zustande, der noch, nicht weit entfernt, in Karmanien weilte. Das Zusammentreffen der Freunde Alexander und Nearchos wurde zu einem großen Freuden- und Dankesfest. Dennoch setzten sie den

Weg getrennt fort. Die Flotte fuhr weiter an der Küste entlang und erreichte über den Tigris und den Pasitigris Susa. Alexander gelangte über Pasargadai und Persepolis dorthin. Im März 324 war der große Zug vollendet, das Reich in Besitz genommen, erkundet und umgrenzt – nach Möglichkeit an den Enden der bewohnten Welt.

IV. Der Herrscher Alexander

Die Monate nach der Rückkehr vom Indienfeldzug brachten eine ganze Reihe von Maßnahmen, die uns besonders deutlich zeigen, wie Alexander seine Rolle als Herrscher verstand. Er etablierte und institutionalisierte eine Herrschaft ganz eigenen Typs. Elemente der Gewalt des militärischen Eroberers und Befehlhabers verbanden sich mit makedonischen Usancen und vor allem orientalisch-iranischen Herrschafts- und Führungstraditionen. Nach wie vor war das Zentrum im Bereich des Heerlagers, zog der König mit dem größten Teil des Heeres durch das Land: Sein Hof war im Lager. Doch Lager hielt man jetzt in den großen Zentren des Reiches, in den ehrwürdigen Residenzen. Im Sommer 324 zog Alexander über Opis, also durch Mesopotamien, nach Ekbatana, wo er den Winter verbrachte. Im Frühjahr 323 ging es nach Babylon, von wo der Aufbruch zum Arabien-Feldzug erfolgen sollte. Nach wie vor war nicht königliche Routine angesagt, sondern Kampf und Eroberung. Der Herrscher residierte nicht, er blieb auf dem Sprung.

Dennoch zeichnet sich eine gewisse Vorstellung von der Struktur des Reiches ab, wie sie Alexander vorschwebte. Nach der Rückkehr aus Indien mußte zuerst die Ordnung wiederhergestellt werden. Alexander war ja geradezu verschollen. Ob er jemals zurückkehren würde, mußte vielen fraglich gewesen sein. So gab es an verschiedenen Orten des riesigen Reiches Aufstände, Eigenmächtigkeiten und Usurpationen. Die griechischen Söldner, die in zum Teil fernen Ländern in Städten angesiedelt waren, hatten revoltiert, in Baktrien und Sogdien wie westlich des Punjab. Die Loyalität mancher Satrapen gab zu Zweifeln Anlaß, besonders in Karmanien und Susa. In einigen Regionen waren Aufstände ausgebrochen, indem sich hohe Adlige gegen die Herrschaft erhoben und sich wie Souveräne zu gebärden begannen, so in Arachosien, aber auch in den wichtigen Satrapien Medien und Persis. Vielerorts hatten die Machthaber eigene Truppen angeworben. Ein besonders bezeichnendes Symptom der Insubordination war das Verhalten von Alexanders Jugendfreund Harpalos, der ja eine der wichtigsten Aufgaben in der Verwaltung des königlichen Vermögens hatte. Dieser gebärdete sich wie ein eigener Herrscher, residierte in Babylon, warb eigene Truppen an, unterschlug und verschwendete Gelder in unvorstellbarem Ausmaß.

Schon von Karmanien aus ging Alexander mit größter Härte und Energie gegen die Aufstände und Eigenmächtigkeiten vor. Die Söldnertruppen sollten entlassen werden, illegale Satrapen und Aufständische wurden bestraft oder zumindest abgesetzt, wobei in diesem Fall Iraner durch Makedonen ersetzt wurden. Umgekehrt wurden loyale Gouverneure wie Atropates von Medien, der den Aufstand in seiner Satrapie selber niedergeschlagen hatte, besonders geehrt. Charakteristisch ist das Verhalten gegenüber Orxines. Dieser, ein Angehöriger des persischen Hochadels, hatte von sich aus das Amt des Satrapen usurpiert. Obwohl er Alexander mit reichen Geschenken entgegenzog, wurde er hingerichtet. Neben verschiedenen anderen Vorwürfen hielt man ihm vor, er habe das Grab des Kyros in Pasargadai geschändet. Ob das zutrifft, ist fraglich. Aber das Grab war ausgeplündert worden, und dies war zumindest in seinem Einflußbereich geschehen. Alexander gab mit dieser Bestrafung und der sofortigen Wiederherstellung des Grabes zu erkennen, wie wichtig ihm nach wie vor der Respekt vor der persisch-iranischen Tradition war. Dies zeigte er auch in der Einsetzung des neuen Satrapen. Er wählte den offensichtlich besonders perserfreundlichen Makedonen Peukestas aus und erlaubte ihm sogar, sich auf persisch-medische Weise zu kleiden. Dieser erlernte darüberhinaus die persische Sprache und führte sein Satrapenamt nach persischem Brauch.

Bezeichnenderweise richtete sich die Bestrafung auch gegen die makedonischen Offiziere und Truppen, die sich undiszipliniert gezeigt hatten. Verfolgt wurden auch Plünderungen an einheimischen Heiligtümern und Gräbern. Harpalos flüchtete bereits im Januar 324, mit reichen Geldmitteln und Truppen versehen, nach Griechenland.

Wie sich der König den Charakter seines Reiches dachte, wurde vor allem durch bestimmte symbolisch ausgestaltete Maßnahmen in Susa deutlich. Es kam zu einer Massenhochzeit. Alexander selbst und rund neunzig seiner wichtigsten Mitarbeiter und Gefolgsleute gingen mit Frauen aus der höchsten persisch-iranischen Elite Ehen ein, nach einheimischem Ritus. Alexander heiratete Stateira, die älteste Tochter Dareios' III., und Parysatis, die Tochter von dessen Vorgänger Artaxerxes III. Eine weitere Tochter des Dareios wurde mit Hephaistion vermählt, dessen besondere Nähe zu Alexander damit erneut und demonstrativ unterstrichen wurde. Krateros, der vornehmste unter den Offizieren der mittleren Generation, gleichsam der Nachfolger des Parmenion, erhielt die Tochter von Dareios' Bruder Oxyathres. Aus der jüngeren Generation, die zur engsten Umgebung Alexanders gehörte, erhielt Perdikkas eine Tochter des Atropates von Medien, Ptolemaios und Eumenes, der griechische Leiter der königlichen Kanzlei, Töchter des Artabazos, Nearchos eine Tochter Mentors, Seleukos eine des – einst bekämpften – Spitamenes. Alexander selbst stattete die Frauen mit der Mitgift aus. Die Verbindungen, die wohl überlegt und exakt geplant waren, mit genauester Beachtung der jeweiligen Rangabstufungen, sind höchst signifikant. Eine neue Reichselite sollte entstehen. Dabei standen loyale Makedonen, Griechen und Iraner im Prinzip gleichberechtigt nebeneinander. Wesentlich war die persönliche Nähe zum Herrscher. Der Umgang, den die makedonischen Könige mit den Großen ihres Stammes von jeher gepflegt hatten, wurde hier auch auf die Perser und Iraner übertragen und traf auf dort noch fortwirkende feudale Strukturen. Die Elite bestand aus dem persönlichen Gefolge, den Gefährten des Herrschers, und die Bindung untereinander war durch Verschwägerung besonders eng gestaltet.

Und wie die Makedonenkönige auch ihr Heer in ihre individuelle Gefolgschaft hineingenommen hatten (man denke an den Begriff der Pezhetairen, der „Gefährten zu Fuß"), so wurde diese makedonisch-iranische Verbindung auch auf das

Heer bzw. auf dessen Kerntruppen übertragen. Nicht nur die Elite, auch der ‚Erzwingungsstab' sollte möglichst eng verbunden, eines Sinnes sein. So legalisierte Alexander die Verbindungen, die Makedonen bisher mit einheimischen Frauen eingegangen waren. Er ließ deren Namen registrieren und gab jedem Paar ein Hochzeitsgeschenk. Insgesamt kamen so über 10.000 neue Ehen zustande. Wichtig waren diese vor allem im Hinblick auf ihre Nachkommen, die nämlich ein bevorzugtes Rekrutierungsreservoir bildeten. All dies war keine generelle Verschmelzungspolitik. Nicht eine einheitliche Reichsbevölkerung wollte Alexander, sondern möglichst eng und solidarisch untereinander verbundene Funktionseliten für Regierung und Militär.

Entsprechend wurde auch das zentrale Heer neu zusammengesetzt. Bereits vorher waren vor allem iranische Reiterkrieger immer stärker auch in die makedonischen Formationen eingegliedert worden. Sie kämpften jetzt nach makedonischer Taktik, Seite an Seite mit Makedonen. Das wurde nun auch auf das Fußvolk ausgedehnt, nachdem 30.000 iranische Infanteristen, die seit 327 in griechisch-makedonischer Kampfesweise ausgebildet worden waren, zum Reichsheer gestossen waren. Als *Epigonoi* (Nachkommen) bildeten sie eine neue Heeresabteilung. Von dem alten Heer, das Alexander von Anfang an begleitet hatte, waren noch 2.000 Reiter und 13.000 Fußsoldaten übriggeblieben, und von diesen bildeten Makedonen nur ein rundes Drittel. Viele Zuzüge hatte es zwischenzeitlich gegeben, aber nun wurden andererseits etliche Altgediente in die Heimat zurückgeschickt. Obgleich Alexander umgekehrt wiederum Truppen aus Makedonien herbeordert hatte, war der makedonische Anteil am mobilen Reichsaufgebot damals auf etwa 10 % zurückgegangen.

Die Soldaten der makedonischen Kerntruppen sahen dies mit wachsendem Unbehagen. Als Alexander schließlich vor der Heeresversammlung in Opis am Tigris im Sommer 324 verkündete, die auf Grund ihres Alters und ihres körperlichen Erschöpfungszustandes nicht mehr Kampffähigen sollten in allen Ehren entlassen werden und nach Makedonien zurückkehren, kam es zum Eklat. Energisch protestierten die Soldaten, Stimmen wurden laut, er solle sie doch alle entlassen und allein mit seinem Vater – gemeint war Zeus Ammon – kämpfen. Alexander sprang von der Tribüne, ließ 13 der lautesten Schreier auf der Stelle zur Hinrichtung abführen und hielt eine kurze Rede. Er erinnerte sie an seine und seines Vaters Verdienste, an die gemeinsam durchlittenen Kämpfe und die gemeinsam vollbrachten unvorstellbaren Leistungen – und entließ sie alle mit der Aufforderung, zu Hause zu verkünden, sie hätten ihren höchst erfolgreichen Befehlshaber im Stich gelassen und „der Obhut der besiegten Barbaren übergeben" (Arrian 7, 10, 7). Zwei Tage lang verweigerte er jeden Kontakt mit den makedonischen Truppen, gab Befehl, sämtliche Einheiten aus Iranern zu ergänzen, bis es den Truppen gelang, ihn als Schutzflehende umzustimmen. Er setzte seine ursprüngliche Anordnung durch und entließ, wie geplant, die Veteranen, unter dem Befehl des Krateros. Die Versöhnung, aber zugleich auch die neue – angeordnete – Verbundenheit von Makedonen und Iranern wurde mit großen Zeremonien gefeiert: Geopfert wurde von griechischen Priestern und persischen Magiern. Die Götter wurden angerufen und gebeten um „Eintracht und Gemeinschaft der Herrschaft für Makedonen und Perser" (Arrian 7, 11, 9). Praktisches Verhalten und ritueller Vollzug wiesen in dieselbe Richtung. Das Reich sollte von Makedonen und Iranern, in enger Verbindung, getragen werden. Über allem aber stand der unbedingte Wille des Herrschers.

Genau das wurde etwa gleichzeitig auch den Griechen deutlich gemacht. Im August 324 anläßlich der Olympischen Spiele, einer traditionellen Gelegenheit zu allgemeinen Proklamationen, verkündete ein Abgesandter Alexanders einen Erlaß des Königs, der bereits Monate vorher beschlossen worden war. In den griechischen Städten sollten alle Verbannten in ihre jeweilige Heimat zurückkehren können und dort aufgenommen werden. Hinter diesem Gnadenakt steckte ein massiver Eingriff in das Regelwerk griechischer Politik, auf das sich doch gerade Alexanders Vater so gut verstanden und so geschickt eingelassen hatte. Die innere Instabilität der griechischen Staaten, ihre strukturelle Neigung zu Umschwung und Bürgerkrieg, hatte immer wieder zu Vertreibungen größeren Stils geführt. Die politischen Gruppen, die in den Poleis Macht und Einfluß besaßen, waren oft, ja in der Regel so unversöhnliche Gegner, daß ein Zusammenleben der Kontrahenten nicht möglich war. Deshalb lebten viele in der Emigration, immer darauf bedacht, in die Heimat zurückzukehren und die Gegner ihrerseits mit Gewalt zu vertreiben. Von jeher hatten die größeren Mächte diesen „inwendigen Explosivstoff" (F. Nietzsche) für ihre Zwecke genutzt, indem sie die einzelnen Gruppen gegen ihre Feinde unterstützten, die Dominierenden in der Polis gegen die Emigranten und umgekehrt. Genauso war auch Philipp verfahren, und auf diese Weise hatten sich besonders nach der Schlacht von Chaironeia makedonenfreundliche Gruppen in den Städten durchgesetzt, während deren Gegner in großer Zahl emigriert waren. Der Allgemeine Frieden auf dem Isthmos, der Korinthische Bund, verbot ausdrücklich die Änderung dieser inneren Zustände. Gerade das war ein wesentliches Mittel der makedonischen Herrschaft, und Antipatros war als Stratege von Europa genau diesen Grundsätzen gefolgt.

Wenn Alexander nun die Rückkehr und damit konkret die Aufnahme der Emigranten anordnete, brachte er nicht nur viele Poleis und die dort herrschenden Gruppen und Zustände in Verwirrung. Weithin kam die Maßnahme sogar ehemaligen Gegnern der makedonischen Herrschaft zugute. Das zeigt, wie Alexander seine Macht einschätzte: Die Griechen waren nicht mehr zu fürchten, ihre Querelen konnten seiner Machtfülle nicht mehr gefährlich werden. Das ausgeklügelte Konstrukt seines Vaters hatte ausgedient. Der Korinthische Bund wurde nicht formell aufgelöst. Aber längst war seine konkrete Aufgabe, der Perserkrieg, beendet – faktisch und symbolisch. Alexander war nicht mehr der Hegemon der Griechen, sondern ihr Herr, der sich Gnadenerweise jenseits der politischen Zweckmäßigkeit erlauben konnte und dies auch ostentativ tat.

Die Griechen demonstrierten bald ihrerseits, daß sie die Lektion verstanden hatten. In den meisten Stadtstaaten wurde beschlossen, Alexander verschiedenste göttliche Ehren zu erweisen, ihm Opfer zu bringen, Gebete zu verrichten, Altäre zu bauen, ihn in Tempel mit anderen Göttern aufzunehmen, eine Festgesandtschaft zu schicken. Dies war in Griechenland grundsätzlich nichts Neues und ist von den anderen Aspekten göttlicher oder göttlich verankerter Herrschaft in Ägypten und im Orient zu trennen, desgleichen auch von Alexanders eigenen Vorstellungen. Schon vorher hatten Griechen herausragenden Individuen, vor allem solchen, die sich in besonderer Weise um eine Gemeinschaft verdient gemacht hatten, heroische und zum Teil auch göttliche Ehren erwiesen, so dem spartanischen Feldherrn Lysander und nicht zuletzt Philipp von Makedonien. Solche Ehrungen hatten stets weniger mit religiöser Begeisterung als mit politischen Interessen zu tun. Deshalb wird man die Beschlüsse der griechischen Staaten, die im Frühjahr 323 von diversen Festgesandtschaften dem König mitgeteilt wurden, in erster Linie als Äußerungen besonderer Loyalität zu verstehen haben, als symbolische Akte, mit denen die Griechen unmißverständlich zu erkennen gaben, daß sie Alexanders Überlegenheit anerkannten, daß sie den Herrscher Alexander respektierten.

Allerdings waren die Beziehungen keineswegs ungetrübt. Das Verbanntendekret hatte, wie zu erwarten war, zu erheblichen Spannungen und Irritationen geführt, besonders bei dem westgriechischen Bundesstaat der Aitoler und der in Griechenland immer noch ersten Macht, in Athen. Dort war die Frage der Rückkehr der Verbannten ein besonderes Problem, weil es um riesige Dimensionen ging. Die Athener hatten gut vierzig Jahre zuvor einen nicht geringen Teil der Bevölkerung der Insel Samos vertrieben und dort mehrere tausend Bürger als Kleruchen angesiedelt. Damit war Samos gleichsam annektiert, und die vertriebenen Samier, die auf dem kleinasiatischen Festland lebten, sahen sich als Emigranten an. Sie wurden auch von Alexander ausdrücklich so behandelt. Die Athener hatten also ihre Rückkehr zu gewährleisten und damit auch die Kleruchen wieder in der Heimat aufzunehmen, mit unübersehbaren sozialen und politischen Folgen. Es hatte zwar darüber Verhandlungen gegeben, aber angesichts von Alexanders sonstiger Unnachgiebigkeit herrschte wenig Grund zum Optimismus. Immerhin wiesen die Athener Harpalos aus, setzten ihn nach einer Auslieferungsforderung Alexanders sogar gefangen und blieben den Winter 324/323 loyal. Doch Harpalos kam unter merkwürdigen Umständen schnell wieder frei und flüchtete. Überall wurde schon von einem Krieg geredet, und bald gab es geheime Verbindungen zu den zahlreichen Söldnern, die sich am Kap Tainaron auf der südlichen Peloponnes aufhielten. Die Vorgänge in Athen und anderen griechischen Staaten nach Alexanders Tod sollten zeigen, wie es um die innere Akzeptanz seiner Herrschaft wirklich stand.

Blickt man auf diese Herrschaft als ganze, so läßt sie sich relativ klar charakterisieren. Alexanders Königtum stützte sich auf verschiedene Traditionen, die bei den einzelnen Untertanengruppen und in den verschiedenen Regionen vorherrschten. So weit es ging und in dem Maße, wie man ihn anerkannte, respektierte er diese. Die politische und militärische Dominanz sollte von einer makedonisch-iranischen Elite garantiert werden, die sich innerlich zusammengehörig fühlte und im Hinblick auf ihre Funktion (vor allem in der Kriegführung) allmählich nivellierte. Dazu konnten nach Verdienst und Leistung auch andere, z.B. griechische Organisations- und Militärspezialisten, gehören. Diese Eliten, Führungszirkel und Truppe, waren untereinander zum Teil freundschaftlich und persönlich verbunden und durch entsprechende Bande mit dem Herrscher selbst liiert. Dieser war aber die alleinige Mitte des Reiches. Bei allen Traditionen und Gefolgschaften, die seine Stellung festigten und legitimierten: Er selbst stand uneingeschränkt darüber, sein Befehl war im Zweifelsfalle das einzige Gesetz. Mit einer Geste konnte er töten und begnadigen, entlassen und aufnehmen, Traditionen respektieren oder aufheben. In diesem Moment war seine Herrschaft so weit ausgedehnt und seine Position so stark, daß sie auf die innere

Akzeptanz auch größerer Gruppen verzichten konnte. Jedenfalls war Alexanders Reich ein ganz persönliches, ganz auf sein persönliches Gewicht gestütztes Reich, sozusagen eine ‚Egokratie'. Das Individuum, das die Klammer dieses Reiches war, fand auch immer den rituell-symbolischen Ausdruck für diese seine Position, in der Hochzeit von Susa nicht anders als in der Versöhnung von Opis und dem Gnadenerlaß in Olympia.

Wie Traditionelles überhöht, d.h. rezipiert und mit neuen und individuellen Elementen auf die herrscherliche Person orientiert wurde, kommt ganz besonders im Zeremoniellen zum Ausdruck. Der König übernahm das große Zelt des persischen Königs, mit seinen Decken, Teppichen und Schleiern, als Ort der Audienz, des in vieler Hinsicht gelenkten und kontrollierten Zugangs zum Herrscher. Davor prangten Tausende von Soldaten, makedonische und traditionelle persische Gardetruppen (Lanzenträger) und indische Kriegselefanten, die persönliche, auf kriegerische Macht gegründete Stärke des Königs demonstrierend. Dieser selbst empfing im Inneren auf einem goldenen Thron, umgeben von seinen engsten Freunden und Gefährten mit dem hohen Rang der *Somatophylakes* (Leibwächter). Auch Iraner gehörten zum innersten Zirkel, gemäß alter Sitte als „Verwandte" des Königs bezeichnet und des Bruderkusses für wert gehalten. Diesen überwiegend am Persischen ausgerichteten Habitus verband er mit griechisch-makedonischen Formen der Geselligkeit, mit dem Symposion, mit der Theateraufführung, dem Sportwettkampf. Auch dies gehörte zum herrscherlichen Milieu. Aber das Zentrum, die ‚Residenz' war immer nur da, wo der König war. Es war und blieb ein mobiles ‚Hoflager'.

Signifikant für diesen ganz persönlichen Charakter der Herrschaft war auch die Rolle, die Hephaistion zugeschrieben worden war. Schon in Susa war er im Frühjahr 324 zum Chiliarchen der Leibgarde ernannt worden. Dies war nach persischer Vorstellung die höchste militärische Würde, und womöglich gehörten zu ihr traditionell auch besondere zusätzliche Kompetenzen. Im Falle von Hephaistion war damit aber offenkundig der zweite Rang nach dem König verbunden. Es war ganz im Sinne des persönlichen Königtums, daß der engste persönliche Freund nun auch neben dem König in offizieller Funktion stand. Schon die Hochzeit in Susa unterstrich dies höchst symbolträchtig. Die bei Griechen und Makedonen durchaus übliche Verfestigung von Freundschaft durch Verschwägerung, also ein zutiefst persönliches Element, war wesentlicher Teil der rituellen Neuformierung der Elite und der Beziehungen von Herrscher und Elite.

Entsprechend ist auch Alexanders Verhalten nach dem Tode Hephaistions (Herbst 324) zu deuten. Dieser war zunächst, angesichts der emotionalen Bindung, für Alexander eine schlimme persönliche Katastrophe, die in exzessivem Trauern zum Ausdruck gebracht wurde. Zugleich aber wurde die Trauer öffentlich inszeniert. Einerseits wurde in Anlehnung an persische Bräuche das heilige Feuer zeitweilig gelöscht (wie beim Tode eines Großkönigs). Andererseits prägte auch die mythische Deutung und die sakrale Überhöhung Alexanders selbst die Bestattungszeremonien. Gemäß einem Orakel des Zeus Ammon wurden Hephaistion heroische Ehren beschlossen, die Verbrennung des Leichnams fand später in Babylon statt, begleitet von Leichenspielen, an denen Tausende von Künstlern und Sportlern mitwirkten. Hier bestattete ein neuer Achilleus seinen Patroklos. Geplant war darüber hinaus ein Grabmal in gigantischen Dimensionen, auf einem Grundriß von rund 400 x 400 Metern, in mehreren Etagen, vergleichbar dem Turmbau zu Babel. Die Stelle Hephaistions in der Hierarchie blieb bezeichnenderweise frei. Niemand konnte und sollte ihn ersetzen.

Wie schon erwähnt wurde, waren die Monate der Ruhe in Susa, Ekbatana und Babylon keineswegs ein Zeichen dafür, daß nun eine eher statische Phase ‚normaler' Herrschaftsausübung begonnen hatte. Die Dynamik von Eroberung und Erkundung war nicht verebbt. Das nächste Ziel war Arabien. Der Feldzug zur Eroberung der Halbinsel wurde seit 324 intensiv geplant und vorbereitet. Gerade im Frühjahr 323, nachdem Alexander nach Babylon gezogen war, galt seine

Energie vor allem diesem Unternehmen. Truppen wurden ausgehoben und auf den Wüstenkrieg gezielt vorbereitet. Vor allem ließ Alexander eine riesige Flotte bauen, die den Euphrat abwärts in den Persischen Golf vorzustoßen hatte. Aus den phoinikischen und syrischen Städten wurden Menschen aufgeboten und angeworben, die in den zu erobernden Gebieten als Kolonisten angesiedelt werden sollten. All dies zeigt deutlich die Zielsetzung des Unternehmens: Schon seit Jahrtausenden war der Schutz der Siedlungsgebiete im Zweistromland gegen die Raubzüge (Razzien) der Beduinen aus den arabischen Wüstenregionen eine der wichtigsten Aufgaben der mesopotamischen Herrscher. Mit Fug und Recht konnte man von Alexander Ähnliches erwarten. Aber dieser ging noch viel weiter. Er wollte durch Unterwerfung des gesamten Gebietes das Problem mit der für ihn charakteristischen Radikalität lösen. Denn damit rundete er zugleich sein großes Reich auch hier bis zu den Enden der Welt ab, mit einem Ausgreifen zu ähnlich legendären, sagenhaften und geschichtenreichen Gebieten wie in Indien, die als unermeßlich reich galten. Diese Abrundung sollte aber zugleich eine Öffnung des Gebietes für den Seeverkehr und die Kommunikation überhaupt sein. Der Besitz Arabiens konnte die Verbindung von Indien nach Ägypten gewährleisten, und damit die Anbindung des fernen Ostens an den Süden des Reiches.Die neuen Verkehrswege würden den Handel mit den verschiedenen Luxusgütern und vielfältigen anderen Waren begünstigen. Daß es – wie bei der Gründung von Alexandreia und bei manchen Maßnahmen am Indus – gerade auch darum ging, zeigt besonders die geplante Ansiedlung syrisch-phoinikischer Bevölkerungsgruppen, also eben solcher Leute, die sich auf den Seehandel verstanden.

Der Aufbruch von Heer und Flotte von Babylon aus stand unmittelbar bevor, da erkrankte Alexander. Schwere Fieberanfälle (wohl ausgelöst durch *Malaria tropica*) zwangen ihn zur Unterbrechung der Vorbereitungen. Er nahm sie zunächst nicht ernst, doch als sie in immer dichteren Schüben auftraten, konnte der Termin für den Abmarsch nicht eingehalten werden. Gerüchte über die schwere Krankheit verdichteten sich. Der König wurde zunehmend schwächer, nach etwa einer Woche war er kaum noch ansprechbar. Er überließ dem Leibwächter Perdikkas seinen Siegelring; noch konnten die Soldaten an seinem Sterbelager Abschied nehmen. Nach nahezu dreitägiger Bewußtlosigkeit starb Alexander am Abend des 28. Daisios (10. Juni) 323 im Alter von nicht ganz 33 Jahren.

Wenig später tauchten Gerüchte auf, daß es bei seinem Tode nicht mit rechten Dingen zugegangen sei. Von Giftmord war die Rede, und Verdächtige waren schnell bei der Hand. Ein Konflikt mit dem alten Paladin Antipatros hatte bevorgestanden. Dieser war nach Asien beordert worden, seinen Platz sollte Krateros einnehmen. Seinen Söhnen Iolaos und Kassander traute man den Mord zu. Unsere Quellen – in diesem Falle die offiziellen königlichen Tagebücher, die Ephemeriden – bieten dafür aber nicht den geringsten Anhaltspunkt.

Wenig glaubhaft sind auch die Berichte über „letzte Pläne", die sich angeblich in den offiziellen Papieren Alexanders fanden. Daß der Eroberer der Welt auch nach der Eroberung Arabiens nicht die Hände in den Schoß legen würde, kann man unbedenklich unterstellen. Und daß dabei aus seiner Perspektive Unternehmungen gegen die skythischen Völker nördlich von Pontos und Kaspisee einerseits und gegen die Karthager andererseits in Frage gekommen wären, ist naheliegend. Aber schwerlich werden irgendwelche Pläne schriftlich ausgearbeitet gewesen sein. Das entsprach nicht der Mentalität Alexanders. Zunächst stand der Arabienfeldzug an, und auf dessen Vorbereitung war alles Planen und Präparieren konzentriert. Nun aber, da gestorben war, auf dessen Wink hin alles geschah, stellte sich die große Frage, was aus dem Reich werden würde, das ganz auf seiner Person aufgebaut war. Alexanders angeblich letzte Worte können wir als Antwort darauf lesen: Gefragt, wem er sein Reich hinterlasse, soll er geantwortet haben: „Dem Besten; denn ich sehe voraus, daß meine Freunde große Leichenspiele ausrichten werden" (Diod. 18, 1, 4). In der Tat haben seine Freunde und Mitarbeiter in langwierigen und blutigen Auseinandersetzungen, den Diadochenkämpfen, letztendlich die Einheit des Reiches zerstört. Das Schicksal von Alexanders Leichnam kann das symbolisieren. Auf seinen Wunsch war eine Bestattung in der Oase Siwa vorgesehen – dies war die letzte der großen Gesten, die uns so viel über Alexander verraten. Aber sein Leibwächter Ptolemaios, der Ägypten zum Kernland seiner Herrschaft machte, brachte die große Leiche an sich und ließ sie zunächst in Memphis, dann in seiner Hauptstadt Alexandreia, in einem Teil seines Palastes, beisetzen, in einem gläsernen Sarg. So diente noch der tote Alexander zur Legitimierung einer hellenistischen Herrscherdynastie.

V. Alexander in der Geschichte

Wie ist Alexanders Persönlichkeit zu beurteilen? Welche Rolle kommt ihm in der Weltgeschichte zu? Fragen solcher Art sind auch im Hinblick auf andere geschichtsmächtige Persönlichkeiten die schwierigsten, die sich ein Historiker stellen kann. Dies gilt in besonderem Maße für Alexander. Schon seinen Zeitgenossen, auch solchen, die ihn so gut kannten wie der Kreter Nearchos, war seine Person oft ein Rätsel. Was sie an ihm und seinen Entschlüssen und Handlungen nicht nachvollziehen konnten, deuteten sie als Folge seines *pothos*, einer Sehnsucht, eines irrationalen Impulses, der eine starke, aber letztlich nicht erklärbare Kraftquelle war, nicht zugänglich seinen nächsten Freunden und wohl auch nicht ihm selber. Man wird solche Hinweise sehr ernst nehmen müssen, lassen sie sich doch aufs engste mit dem massiven Zug ins Mythische verbinden, der Alexanders konkretes wie symbolisches Agieren kennzeichnet. Bezugspunkt seines Handelns waren Halbgötter, ja Götter.

Deren Kämpfe und Mühen ahmte er nach, deren Leistungen wollte er noch überbieten. Mit ihnen zu konkurrieren fühlte er sich aufgerufen. Letztendlich, spätestens seit dem Besuch beim Ammonsorakel in Siwa, fühlte er sich offenkundig als einer von ihnen. Auf dieser Welt brauchte er also keinen Widerstand zu dulden und mußte auch keinen fürchten. Zu den Grenzen mußte er gehen, an die Enden der bewohnten Welt. Der erste mußte er sein, der einzige Herr, der hier keine Konkurrenz mehr fand, dessen Ruhm und Ehre alles überstrahlte, nicht nur Gegenwärtiges, sondern auch Vergangenes und wohl auch Zukünftiges. Darauf richtete sich seine Sehnsucht. Dies trieb ihn um, seit seiner Kindheit, als er die Heldensagen aufsog, in denen seine Vorfahren den höchsten Ruhm erworben hatten. Der Impuls fand Bestätigung in seinen großen und nicht für möglich gehaltenen Erfolgen. Und er erhielt eine Weihe in der religiösen Verehrung, die Alexander genoß.

Aber Alexander war kein affektgeladener Berserker. Seine Suche nach den Enden der Welt folgte dem Blick modernster geographischer Kenntnisse, auch mit dem Interesse an deren Vervollkommnung, und sie beruhte auf systematisch-professioneller, stabsmäßiger militärischer Vorbereitung. Die ganze Welt sollte es sein, so lautete der Impuls. Aber der Weg vollzog sich in ganz sachlich-vernünftigen Bahnen und mit rationaler Planung. Überhaupt verfuhr Alexander im politischen Umgang mit kalter Berechnung, nach der einfachen Logik von Freundschaft und Feindschaft, von Gefälligkeit und Einschüchterung, Zuwendung und Vernichtung.

Aus welchem Impuls und mit welchen Mitteln auch immer – Alexander war mitreißend, besonders für die Makedonen, aber auch für andere. Nur so konnte der Erfolgszug, der auch die kühnste Vorstellungskraft überstieg, Wirklichkeit werden. Und damit gibt Alexander zugleich ein Paradebeispiel ab für die vielbehandelte Frage nach der Bedeutung und der Rolle des Individuums in der Geschichte, nach seinem Anteil an Prozessen und Vorgängen, die sich menschlichem Zugriff entziehen oder doch zu entziehen scheinen, weil sie von so vielen menschlichen Antrieben und Handlungen gespeist sind, daß diese sich nicht mehr im einzelnen festmachen lassen. In den letzten Jahrzehnten waren Historiker eher geneigt, den Anteil des Persönlichen in diesem Sinne gering einzuschätzen. Auch in der theoretischen Reflexion über Geschichte dominierte der Rückgriff auf das Unverfügbare, das Prozeßhafte, das gleichsam autonome Geschehen, das selbst dem Mächtigen wenig oder keinen Spielraum ließ. Nach den Erfahrungen mit der Rolle des Präsidenten Gorbatschow sieht das womöglich anders aus, mag man – wenigstens unter dem Eindruck des Geschehens selbst – geneigt sein, den individuell-menschlichen Faktor stärker zu gewichten. Gerade Alexander ist ein gutes, vielleicht das beste Beispiel dafür, daß in der Tat ganz erhebliche Veränderungen von welthistorischer Bedeutung durch das Handeln eines Individuums möglich sind.

Zweifellos verfügte er über sehr gute Voraussetzungen und eine günstige Ausgangsposition. Sein Vater hatte ihm eine wohlorganisierte und im Innern stabile Königsherrschaft in Makedonien hinterlassen. Die griechische Staatenwelt war durch langwierige Kriege erschöpft und ebenfalls vom Vater in die Abhängigkeit gebracht worden. Das Reich des persischen Großkönigs hatte immer noch mit starken Auflösungstendenzen zu kämpfen. Alexanders eigene Soldaten zeigten eine kaum zu erschütternde Loyalität auch in den schwierigsten Situationen. Dazu kamen eigene Talente, wie die erwähnte politische Durchsetzungskraft, nicht minder aber auch die militärische Fähigkeit, im entscheidenden Moment kaltblütig und geradezu instinktiv das richtige Manöver auszuführen. Und in vielen Gefahren stand ihm das Glück zur Seite, das schon in der Antike lebhafte Diskussionen ausgelöst hat.

Entscheidend aber war der oben erwähnte innere Antrieb, die hypertrophe und schwer nachvollziehbare, ganz konkrete Orientierung am Mythos, sein großer Agon mit den Heroen. Die gerade genannten historischen Chancen und Begabungen hätten auch anderen zugutekommen können. Aber die mit rationaler Planung gepaarte, im Mythos lebende Besessenheit war ganz Alexanders Eigenschaft. Sie war dafür verantwortlich, daß das Angebot des Großkönigs auf Teilung der Herrschaft zurückgewiesen wurde und daß der Zug ganz real zu den Grenzen der Welt führte. Nur sie trieb zur völligen Einverleibung des persischen Reiches und seiner Randgebiete, welche den Raum für die Expansion der griechischen Zivilisation und für die vielfältigen Akkulturationsprozesse schuf, die die neue Epoche prägten, das Zeitalter des Hellenismus. So steht Alexanders Gestalt nicht zu Unrecht an dessen Beginn, im historischen Urteil seit Johann Gustav Droysen: „Der Name Alexander bezeichnet das Ende einer Weltepoche, den Anfang einer neuen."

Eine besondere Herausforderung ist Alexander darüberhinaus für die historische Urteilsbildung insgesamt. Seine Brutalität hat immer wieder Abscheu erregt und wird dieses immer wieder tun, so wie seine Größe und Großzügigkeit Bewunderung fanden und finden werden. Die einleitend erwähnten Projektionen diverser Urteilskategorien auf die Gestalt Alexanders werden eher zur Zurückhaltung mahnen. Immer wird gerade der Historiker auf die Maßstäbe und Kriterien des Urteilens und Wertens hinweisen und auf die zeitbedingten Horizonte aufmerksam machen. Er wird die Logik von Gewalt und Einschüchterung betonen, die in Alexanders Lebenswelt dominierte, der man sich schon aus Gründen der Selbsterhaltung kaum entziehen konnte und von der die Mentalität und die Wertvorstellungen der Zeitgenossen stark geprägt waren. Aber gerade vor diesem Hintergrund wird ihm das Exzeptionelle, das gleichsam ‚Überschießende' an Alexander auffallen, der diese Orientierung radikalisierte und damit übersteigerte. Das wird ihn davor bewahren, nach dem Grundsatz zu urteilen: „Alles verstehen heißt alles verzeihen" – trotz der unvorstellbaren Erfolge, die aus der Übersteigerung resultierten. Auch hier, gerade hier muß historische Differenzierung nicht zu absoluter Relativierung führen. Wir haben keinen Grund, in stiller oder demonstrativer Ehrfurcht vor dem großen Mann zu erstarren. Wenn wir unseren Blick von seiner Gestalt wegwenden, auf die von seinen Antrieben Betroffenen und Getroffenen, auf die Opfer hin, wird sich ein anderes Urteil in den Vordergrund drängen. Da unsere Quellen vornehmlich um den Helden selbst kreisen, ist hierfür wesentlich mehr historische Phantasie nötig als für die Rekonstruktion von dessen Taten. So ist es legitim, gerade hier auf die literarische Vorstellungskraft zurückzugreifen, mit der vor allem Arno Schmidt etwa in der Erzählung „Alexander oder Was ist Wahrheit" das Umfeld des Königs geschildert hat. Nimmt man beides, Subjekt und Objekte, in den Blick, so belehrt gerade diese Erfolgsgeschichte sehr eindringlich über das Funktionieren von politischer Gewalt in der Spannung von Nachsicht und Brutalität. Sie läßt aber auch ermessen oder wenigstens erahnen, welches Leid vieler, sehr vieler, sich hinter der demonstrativen Größe des Einzelnen verbirgt, gerade wenn dieser die Welt und die Weltgeschichte bewegt.

Zeittafel

359–336		Philipp II., König der Makedonen
359–338		Artaxerxes III. Ochos, persischer Großkönig
356	etwa 20. Juli	Geburt Alexanders
352		Philipp Archon des Bundes der Thessaler
343–340		Aristoteles der Lehrer Alexanders
340		Alexander als Stellvertreter Philipps
338	2. August	Schlacht von Chaironeia
	Herbst	Abschluß des Allgemeinen Friedens (Korinthischer Bund)
337	Frühjahr	Beschluß des Korinthischen Bundes zum Krieg gegen Persien
	Frühjahr/Sommer	Vermählung Philipps mit Kleopatra, Zerwürfnis zwischen ihm und Alexander
336	Frühjahr	Beginn des Perserfeldzuges: Vorauskommando unter Parmenion und Attalos in Kleinasien
	Herbst	Ermordung Philipps während der Hochzeit seiner Tochter Kleopatra mit Alexander von Epirus; Herrschaftsantritt Alexanders. Alexander Archon der Thessaler und Hegemon des Korinthischen Bundes. Dareios III. Kodomannos persischer Großkönig.
335	Frühjahr/Sommer	Balkanfeldzug gegen Triballer und Illyrer; Donauüberschreitung
	Herbst	Zerstörung Thebens
334	Frühjahr	Beginn des Feldzuges gegen die Perser
	Mai	Schlacht am Granikos
	Sommer/Herbst	Einnahme der westlichen und südwestlichen Küstenregionen Kleinasiens
	Winter	Winterquartier in Phrygien
333	Frühjahr	Offensive Memnons in der Ägäis
	Mai	Sein Tod
	Sommer	Alexander in Kilikien
	Oktober/November	Schlacht von Issos
332	Januar-August	Belagerung von Tyros; Verhandlungen zwischen Dareios und Alexander.
331	Anfang und Frühjahr	Gründung von Alexandreia in Ägypten
	Frühjahr	Zug zur Oase Siwa

	1. Oktober	Schlacht von Gaugamela
	Oktober-Dezember	Alexander in Babylon und Susa
330	Januar-Mai	Alexander in Persepolis
	Juli	Ermordung des Dareios
	September	Hinrichtung des Philotas, Ermordung Parmenions
329	Frühjahr	Überquerung des Hindukusch; Einnahme von Baktra; Auslieferung des Bessos
	Herbst	Gründung von Alexandreia Eschate
328	Sommer	Tötung des Kleitos
	Ende	Ermordung des Spitamenes
327	Frühjahr	Heirat der Roxane; Ausgleich mit Baktriern und Sogdiern; Pagenverschwörung
	Sommer	Beginn des Indienfeldzuges
	Herbst/Winter	Kämpfe in Nurestan und Swat
326	Frühjahr	Überschreitung des Indus
	Juni	Schlacht am Hydaspes gegen Poros
	Sommer	Umkehr am Hyphasis
	November	Beginn der Indusfahrt
325	Frühjahr	Kämpfe gegen die Maller
	Sommer	Ankunft am Indusdelta; Opfer an der Mündung des Indus und im Indischen Ozean
	Herbst	Rückmarsch durch die Gedrosische Wüste
	Dezember	Zusammentreffen der Heere in Karmanien, dionysische Prozession
324	Frühjahr	Alexander in Susa; Massenhochzeit; Legalisierung der Soldatenehen
	Sommer	Meuterei in Opis; Proklamation des Verbanntendekrets
	Herbst	Tod Hephaistions
323	Frühjahr	Festgesandtschaften der Griechen bei Alexander: göttliche Ehren; Vorbereitung des Arabienfeldzuges
	10. Juni	Tod Alexanders

Weiterführende Literatur

In dieser knappen Auswahl sind diejenigen Arbeiten verzeichnet, denen der Verfasser besonders viel Informationen und Anregungen verdankt, sowie die Werke, die eine weitere Orientierung, insbesondere auch über andere Alexander-Bilder, ermöglichen.

Alexander the Great, Greece and Rome, 2nd Ser. 12, 1965, 113 ff.

Alexandre le Grand. Image et réalité (Fondation Hardt, Entretiens 22), Vandoeuvres-Genf 1976.

Andreotti, R., Il problema di Alessandro Magno nella storiografia dell'ultimo decennio, Historia 1, 1950, 583 ff.

Badian, E., Alexander the Great, 1948–1967, The Classical World 65, 1971, 37 ff. 77 ff.

Berve, H., Das Alexanderreich auf prosopographischer Grundlage, 2 Bde., München 1926.

Borza, E. N., In the Shadow of the Olympus. The Emergence of Macedon, Princeton 1990.

Bosworth, A. B., A Historical Commentary on Arrian's History of Alexander, 2 Bde., Oxford 1980. 1995.

Bosworth, A. B., Conquest and Empire. The Reign of Alexander the Great, Cambridge 1988.

Briant, P., Alexandre le Grand, Paris 41994.

Burich, N. J., Alexander the Great. A Bibliography, Kent 1970.

Demandt, A., Politische Aspekte im Alexanderbild der Neuzeit, Archiv für Kulturgeschichte 54, 1972, 325 ff.

Droysen, J. G., Geschichte des Hellenismus I2, Gotha 1877.

Engels, D.W., Alexander the Great and the Logistics of the Macedonian Army, Berkeley u.a. 1978.

Errington, M., Geschichte Makedoniens, München 1986.

Gehrke, H.-J., Geschichte des Hellenismus, München 21995.

Green, P., Alexander of Macedon 356–323 B.C., Harmondsworth 21974.

Griffith, G.T. (Hrsg.), Alexander the Great. The Main Problems, Cambridge – New York 1966.

Hammond, N. G. L./Griffith, G. T./Walbank, F. W., A History of Macedonia, 3 Bde., Oxford 1972. 1979. 1988.

Hammond, N. G. L., Alexander the Great. King, Commander and Statesman, London 1981.

Hampl, F., Alexander der Große, Göttingen 21965.

Heuß, A., Alexander der Große und das Problem der historischen Urteilsbildung, Historische Zeitschrift 225, 1977, 29 ff.

Högemann, P., Alexander der Große und Arabien, München 1985.

Instinsky, H.-U., Alexander der Große am Hellespont, München 1949.

Jacoby, F., Kleitarchos (Nr. 137), in: Realencyclopädie der Klassischen Altertumswissenschaften XI 1, 1921, 622 ff.
Lane Fox, R., Alexander the Great, London 1973 (dt. 1974).
Lane Fox, R., The Search for Alexander, London 1980 (dt. 1990).
Lauffer, S., Alexander der Große, München ^{2}1981.
O'Brien, J. M., Alexander the Great. The Invisible Enemy. A Biography, London-New York 1992.
Ritter, H.-W., Diadem und Königsherrschaft. Untersuchungen zu Zeremonien und Rechtsgrundlagen des Herrschaftsantritts bei den Persern, bei Alexander dem Großen und im Hellenismus, München-Berlin 1965.
Schachermeyr, F., Alexander der Große. Ingenium und Macht, Graz-Salzburg-Wien 1949.
Schachermeyr, F., Alexander der Große. Das Problem seiner Persönlichkeit und seines Wirkens, Wien 1973.
Seibert, J., Alexander der Große, Darmstadt 1972.
Strasburger, H., Alexanders Zug durch die Gedrosische Wüste, Hermes 80, 1952, 456 ff.
Tarn, W. W., Alexander the Great, 2 Bde., Cambridge 1948 (dt. 1968).
Wiesehöfer, J., Das antike Persien von 550 v. Chr. bis 650 n. Chr., München-Zürich 1994.
Wiesehöfer, J., Die ‚dunklen Jahrhunderte' der Persis, München 1994.
Wilcken, U., Alexander der Große, Leipzig 1931.
Will, W., Alexander der Große, Stuttgart u.a. 1986.
Will, W. (Hrsg.), Zu Alexander dem Großen, Festschrift G. Wirth zum 60. Geburtstag, 2 Bde., Amsterdam 1988.
Wirth, G., Studien zur Alexandergeschichte, Darmstadt 1985.
Wirth, G., Der Brand von Persepolis. Folgerungen zur Geschichte Alexanders des Großen, Amsterdam 1993.

Register